행복을
그리는
언어

행복을 그리는 언어

초판 1쇄 인쇄 ㅣ 2013년 08월 12일
초판 1쇄 발행 ㅣ 2013년 08월 18일

지은이 ㅣ 심현정
펴낸이 ㅣ 김왕기
펴낸곳 ㅣ 푸른영토

주간 ㅣ 맹한승
편집부 ㅣ 이세경, 마은지   마케팅 ㅣ 임성구
디자인 ㅣ 푸른영토 디자인실

주소 ㅣ 경기도 고양시 일산동구 장항동 865 코오롱레이크폴리스1차 A동 908호
전화 ㅣ (대표)031-925-2327, 070-7477-0386~9 · 팩스 ㅣ 031-925-2328
등록번호 ㅣ 제2005-24호 등록년월일 ㅣ 2005. 4. 15
전자우편 ㅣ designkwk@me.com

ⓒ심현정, 2013

ISBN 978-89-97348-21-3   13320

행복을 그리는 언어

심현정

푸른영토

산다는 것은 스무고개를 넘는 일과 같다는 생각을 한다. 범상치 않은 누군가는 한 고개만 넘고서도 인생의 의미를, 행복의 깊이를 깨달을 수 있을지도 모르겠다. 하지만 보통의 우리는 힘겹게 스무고개를 넘어가는 과정을 통해 그 의미를 맛보게 된다. 그것도 혀끝을 겨우 적실 정도로 아주 감질나게 말이다.

갓 스물을 넘긴 어느 날, 오만방자하게도, 30대 이후의 삶은 가라앉음과 소멸을 향해 가는 여정일 뿐이라는 생각을 했었다. 하늘 아래 빛나는 것은, 그리고 살아갈 만한 재미가 있는 것은 젊음이라는 무기를 가진 20대뿐인 것처럼 여겼었다. 누군가 나의 젊음에 감탄하면 마치 늙음은 '당신'들만의 몫인 것처럼, 내게는 영영 일어나지 않을 일인 것처럼 치부해버렸었다.

그때는 깨닫지 못했다. 시간이 얼마나 빠른 속도로 나를 덮쳐올지, 그리고 나 역시 꼼짝없이 내가 외면하려 했던 '당신'이 될 수밖에 없다는 사실을 말이다. 하지만 20대 꽃청춘만 인생에서 의미가 있다면 세상에 살아남을 자가 몇이나 되겠는가.

산다는 것은 스무고개를 넘는 일과 다르지 않다. 공부의 늪에서 허우적대고 사랑에 목매던 20대가 지나면 가정을 꾸리고 자녀를 양육하며 부부가 함께 늙어가는, 실은 아주 긴 인생이 기다리고 있다. 그런데 놀랍게도 나이가 들어갈수록 삶은 안정되어 가고, 전에는 미처 깨닫지 못했던 인생의 즐거움과 깊이를 맛보게 된다.

그렇다. 제 나이 앞에 어떤 숫자를 달았건 인생은 살아갈 만한 가치가 있는 것이었다. 살아 숨 쉬는 동안 쉼 없이 고개를 넘는 일은 힘겹지만, 그것은 해답을 찾아가기 위해 반드시 필요한 여정이다.

여기, 우리가 삶 속에서 마주하게 되는, 그리고 소소한, 때로는 큰 행복을 주는 말들을 모아두었다. 나이 듦에 따라 삶을 지배하는 말이 변한다는 것이 흥미로웠다. 10대는 아이돌에 열광하고, 20대는 사랑에 매달리며, 30대는 일에 목숨을 건다. 40대는 때로는 자식에게, 때로는 통장에 열중한다. 그러다 성장한 아이들을 곁에서 보내고 나면 비로소 나를, 내 인생을 돌아본다. 그러나 삶을 돌리기에는 너무 늦은 시간일 때가 많다.

그러고 보면 우리의 삶은 누구에게나 공평하게 주어졌으나 결코 공평하지 않다. 태어난 그 순간 우리는 아주 공평하게 발가벗고 있었으나, 어떤 옷을 입게 되는가에서부터 공평하지 않게 되었다. 하지만 어떠한 모습으로 살다 갈 것인가에 대한 자유의지는 공평하게 주어졌다.

세상 모든 일이 그러하듯 여기 모인 단어들도 양면성을 가졌다. 어떤 시선으로 바라볼 것인가, 내 삶에 얽힌 실타래를 어떤 방식으로 풀어낼 것인가에 따라 우리는 행복해지기도 하고 불행해지기도 한다. 순전히 자유의지의 몫이라는 말이다.

이 책의 의미는 바로 여기에 있다. 곁에 있는 행복을 너무 늦게 알아차리는 일이 없기를 바라는 마음, 바로 그것이다.

지난날
그 단어들 때문에 몸부림쳤던 이들은 그 시간들을
아련한 추억으로 떠올릴 수 있게 되기를,

바로 지금
그 단어들과 힘겨루기를 하고 있는 이들이

긍정의 힘으로 해답에 가까이 다가가는 승자가 되기를,

훗날
그 단어들을 온몸으로 맞이하게 될 이들이
설렘과 진지함으로
자신을 무장하는 시간을 갖게 되기를…….

심현정

그래도, 봄날은 간다

너무나 서투르고 덤벙거렸지만 그게 실수인지도 잘 알아채지 못했던 시절. 저 사람과 미래를 약속하고 결혼을 생각해야 할지도 모른다는 압박과 두려움이 없었던 시절. 그래서 한 사람을 순수하게 바라보고 마음껏 좋아할 수 있었던 그 시절이 다시는 돌아올 수 없다는 것을 잘 알고 있다. 그래서 첫사랑은 다시 맞이할 수 없는 찬란한 봄날, 그 아련한 시간 속에 존재한다.

러시Rush! 다가올 날을 향해

파릇한 젊음이 우대받는 세상이다. '내 나이는 70이지만 마음만은 청춘이다!'라고 목청껏 소리쳐 보지만, 사회는 '그래봤자 당신은 노인!'이라며 냉담한 반응을 보이곤 한다. 하지만 청춘만이 가장 행복한 시절이라고 누가 장담할 수 있을까. 늙었으니 뒷자리로 물러서 고개 숙여야 한다고 누가 강요할 수 있을까.

버릴 욕심은 넘치고, 채울 사랑은 부족하고

어느 날 갑자기 삶이 너무 고단하고 두렵다 느껴진다면 생각을 멈추고 그동안의 주관과 원칙을 잠시 내려놓는 것은 어떨까. 어른이 되고, 부모가 된 이후로는 무서워도 무섭다 말을 못 하고, 힘들어도 기대어 울 곳도 마땅치 않다. 먹고살기 바빠 내 영혼이 어느 곳에 쭈그리고 앉아 있는지 관심조차 없이 살아가는 중이다. 그러므로 때때로 우리는 맹목적일 필요가 있다.

그래도, 봄날은 간다

너무나 서투르고 덤벙거렸지만 그게 실수인지도 잘 알아채지 못했던 시절, 저 사람과 미래를 약속
하고 결혼을 생각해야 할지도 모른다는 압박과 두려움이 없었던 시절, 그래서 한 사람을 순수하게
바라보고 마음껏 좋아할 수 있었던 그 시절이 다시는 돌아올 수 없다는 것을 잘 알고 있다. 그래서
첫사랑은 다시 맞이할 수 없는 찬란한 봄날, 그 아련한 시간 속에 존재한다.

첫사랑

그에게서는 언제나 비누 냄새가 난다.

1960년대에 발표된 강신재의 〈젊은 느티나무〉의 첫 문장이다. 무려 50년도 더 된 작품이지만, 감각적이고 섬세한 문체만큼은 현재의 작품들에 전혀 밀리지 않는다. 열여덟 살 여고생 숙희와 물리학을 전공하는 스물두 살 대학생 현규는 부모의 재혼으로 남매의 인연을 맺게 되었다. 그러나 멀리서는 희미하지만 가까이 다가서면 강렬해지는 비누 향처럼 사랑은 어느 틈에 두 사람의 가슴을 비집고 들어와 버렸다. 게다가 이복 오누이라는 현실의 장애물은 이들의 사랑을 더욱 안타깝고 애끓게 만들었다. 사랑에 대해 확신하지 못하다가도 누군가가 반대하거나 방해하기라도 하면 그때부터 그 사랑은 세상에 다시 없을 사랑이 되어버리지 않던가. 허락되지 않은 사랑에 속으로만 애달던 그들 앞에 숙회를 좋아하는 장관 집 아들이 등장하자 드디어 사랑은 수면 위로 폭발하듯 떠오르게 된다. 질투! 그것만큼 완벽한 증거물은 또 없다. 결국 두 사람은 잠시 떨어져 지내기로 한다. 하지만 마침내 서로 사랑한다는 확신을 갖게 되고, 숙회는 느티나무를 끌어안으며 가슴 벅찬 기쁨을 느낀다.

첫사랑이라는 단어를 들을 때면 언제나 이 작품이 떠오른다. 나의 첫사랑도 향기로 기억되기 때문일까. 작품의 첫 문장은 언제 봐도 마음이 설렌다. 더구나 이만큼 첫사랑의 공식을 완벽히 갖추고 있는 작품은 없는 것 같다.

하나, 당신의 첫사랑은 누구인가.

첫눈에 반해 미치도록 짝사랑했던 그 사람인 걸까, 설레는 마음으로 처음 손을 잡았던 그 사람인 걸까, 사랑한다고 난생처음 고백했던 그 사람인 걸까, 오랜 시간이 흘러도 결코 잊히지 않는 그 사람인 걸까. 첫사랑의 기준은 대체 무엇일까. 언제, 어떻게, 어떤 기분으로 누구에게 쏟아내었던 감정이 나의 첫사랑이란 말인가.

열 가지 사항 중에 일곱 가지 이상을 충족시키면 첫사랑이라는 확실한 기준이 있는 것도 아닌데, 그 누구를 첫사랑이라 기억한들 무슨 상관일까. 자신의 마음이 그를 혹을 그녀를 첫사랑이라 기억한다면 그 사람이 바로 첫사랑이 아니겠는가. 사랑에 순서를 매긴다는 것 자체가 우스운 일이기는 하지만, 첫사랑이라는 단어 자체가 순수하고 아름다웠던 지난 날의 사랑을 외따로 기억하고 싶은 간절한 마음을 담고 있는 것이기에 보다 소중한 것이 아닐까.

둘, 당신의 첫사랑은 어느 시간 속에 살아 숨 쉬고 있는가.

젊은 혹은 아직은 어린 시절 어느 순간 내가 어른이 되었다고 느낄 때가 있었다. 혹은 믿고 싶을 때가 있었다. 가족과 친구 이외의 사람에게 무언가 새로운 감정을 갖게 될 때였다. 반복되는 지루한 일상 속으로 첨벙 뛰어들어 온 그 사람으로 인한 가슴 설렘은 대부분 10대에서 20대 초반 사이에 경험하게 된다. 그래서 많은 사람들이 그 시기에 만났던 사랑을 첫사랑으로 기억하곤 한다.

하루 종일 함께 있어도 헤어질 때는 눈물 나게 슬프고, 밤새도록 사랑의 마음을 담아 편지를 적어보기도 하고, 가진 것을 모두 모아 그 사람을 위한 선물을 사고, 평소에는 절대 하지 않을 만한 행동도 서슴없이 해 보이고……. 그때는 그 사람을 위해 두려울 것도, 못 할 것도 없다고 생각했다. 그때는 나 자신을 다 내던져 사랑했다고 믿었다. 세상 그 무엇보다 그 사람을 사랑하는 일이 가장 쉬운 일이라 생각했다.

하지만 이제 와 생각해보면 실은 그렇지 않았다. 사실은 나 자신을 오롯이 던져놓지도 못 했고, 그 사람을 나 자신만큼 사랑하지도 않았다. 다만 그렇다고 믿고 있었을 가능성이 크다. 그래서일까, 아직은 성숙하지 못했던 시기에 너무 젊고 어리석었던 탓에 아무것도 아닌 일로 그를 혹은 그녀를 영영 잃어버리고 말았다. 첫사랑을 놓친 사연이 대단히 애달픈 사람은 그리 많지 않다. 어쩌다 보니 이미 헤어져 있었다! 어쩌면 이별의 이유를 아직까지 모르는 사람도 있을 수 있다.

눈부시게 찬란했던 청춘에 몰두했던 사랑, 첫사랑과 결혼한 사람이 아니면 누구나 이별을 경험해야 했던 그 사랑, 가질 수 없었기에 애처롭게만 기억되는 사랑, 만약 갖게 되었다면 흠이 보였을지도 모르지만 그러지 못했기에 완전함으로 기억되는 사랑. 그래도 그 시절에 자리한 그 사람을 첫사랑으로 기억하는 것은, 혹은 첫사랑에 대한 환상을 갖는 것은 누군가를 좋아했던 그 시절 자신의 모습으로 돌아가고 싶은 바람이 크기 때문일 것이다. 너무나 서투르고 덤벙거렸지만 그게 실수인지도 잘 알아채지 못했던 시절, 저 사람과 미래를 약속하고 결혼을 생각해야 할지도 모른다는 압박과 두려움이 없었던 시절, 그래서 한 사람을 순수하게 바라보고 마음껏 좋아할 수 있었던 그 시절이 다시는 돌아올 수 없다는 것을 잘 알기 때문일 것이다. 그래서 첫사랑은 다시 맞이할 수 없는 찬란한 봄날, 그 아련한 시간 속에 존재한다.

셋, 당신은 영원히 잊지 않겠다던 그 맹세를 기억하는가.

첫사랑을 잃고 그 사람이 없는 세상은 더 이상 살아갈 이유가 없다고 느낀 적이 있는가. 한때는 그 사람만 있으면 밥을 먹지 않아도 배고픈 줄 몰랐는데, 이제는 그 사람이 없어서 밥을 먹을 이유를 찾지 못하겠다는 생각을 한 적이 있는가. 설령 그 사람이 다른 사람을 이유로 내게 등을 보였다고 해도, 내가 결코 이겨내지 못할 어떤 이유 때문에 어쩔 수 없이 이별을 선택했다고 해도, 내가 다른 선택을 위해 그 사람을 잠시 내려놓았다고 해도, 그 어떤 이유 때문이라도 사랑을 잃는 것은 힘들다. 상대를 미워하는 것은 더 괴롭다.

"항상 이 자리에 서 있을게. 언제든지 돌아와."

"눈 감는 날까지 너를 기억할게. 내가 사랑하는 건 영원히 너뿐이야."

"너는 나를 잊고 살아도 돼. 너만 행복하다면 나는 괜찮아."

세상 모든 것이 변해도 내 사랑만은 변하지 않을 거라는 생각으로 낯 뜨거운 고백들을 잘도 했었다. 하지만 다른 누군가와 사랑을 시작하고 나면 그 말들은 어느 순간 어둠 속으로 자취를 감춰버린다. 그렇게 사랑은 다른 사랑으로 잊혀간다. 하기야 사랑하는 가족이 세상을 떠나도 밥 먹고 잠자고 결국 잘 살아나가는 게 사람이다. 그래서 신이 주신 가장 큰 축복은 망각인가 보다, 생각하면서 말이다. 그렇게 시간이 흐르면 첫사랑에 대한 약속을 잊고 있었다는 사실 자체도 인식하지 못한 채로 살아가게 된다.

그러던 어느 날 영화나 소설 속에서 그 약속을 끝끝내 지키는 누군가를 보게 되면 그제야 아차 싶은 마음에 가슴이 저려온다. 〈늑대소년〉이라는 영화가 슬펐던 이유가 바로 그러했다. 수십 년 동안 오로지 한 사람만을 기다리는 사람은 세상에 존재하지 않는다. 365일 일상 속에 오로지 한 사람만을 놓고 살아가는 사람은 없다. 하지만 영화 속 주인공은 오로지 한 사람만을 기다리며 무려 47년을 살았다. 그가 영악한 '늑대남자'가 아니라 순수한 '늑대소년'이었기에 가능한 일이었겠지. 사랑이 보름달로 차오를 때면 가슴은 벅차고 온몸의 피는 뜨겁게 흐르지만, 사랑이 그믐달로 사그라질 때면 가슴은 텅 비고 내 안의 피는 차갑게 변한다. 그러나 영화 속 주인공의 달은 수십 년 동안 보름달의 모습이었다. 그 모습이 너무 비현실적이라는 사실이, 그래서 그 영화가 판타지라는 사실이 슬펐다.

넷, 당신은 첫사랑을 다시 만나고 싶은가.

별이 아름다운 건 거리 때문이다. 10만 광년 떨어진 하늘의 별은 아름답지만 내 눈앞의 별은 목숨을 위협하는 공포다. 수십 년 전 헤어졌던 두 사람이 만나는 것은 존재 자체를 잊고 지냈던 하늘의 별이 바로 내 앞에 툭 떨어진 것과 같다. 만약 내가 불치병에 걸려 죽기 전에 꼭 보고 싶은 한 사람이 바로 그 사람이라고 한다면 어쩔 수 없는 노릇이겠지만 추억은 추억으로 남을 때가 더 아름답다. 그런데 사람들은 자꾸만 망원경으로 하늘의 별을 관찰하고 우주선을 띄워 별에 착륙을 시도한다.

불과 얼마 전까지만 해도 첫사랑이 떠오를 때면 하던 일을 멈추고 잠시 추억에 잠기는 것으로 갈음했었다. 그런데 지금은 너무나 발달해버린 인터넷 때문에 모든 세 잉밍이 되고 말았다. 마음만 먹으면 나의 첫사랑이 누구와 결혼했는지, 아이는 몇인지, 어떤 집에 살며, 얼마나 살이 쪘는지, 어떤 음식을 즐겨 먹으며, 최근에 산 물건은 무엇인지, 결혼기념일에 어디로 여행을 갔는지, 낯간지러운 사랑의 고백을 얼마나 잘하는지까지 알 수 있게 된 것이다. '브루스 윌리스가 귀신이다!'라는 기막힌 스포일러를 들어버린 직후처럼 밤을 새워가며 첫사랑의 뒷조사를 마감한 뒤끝은 오직 후회뿐이다. 잘사는 모습도, 못사는 모습도 똑같이 싫기만 하다. 안개에 갇힌 채로, 물속에 잠긴 채로, 산그늘에 가린 채로, 그대로 묻어두고 사는 게 좋았을 것을!

　20년 전 첫사랑의 전화번호 끝자리를 비밀번호로 사용하는 남자가 있었다. 아내는 그 비밀번호에 얽힌 사연을 알면서도 굳이 아는 체하지 않았다. 은행카드로 현금을 찾을 때마다 그 번호를 눌러야 했지만 아내는 별로 신경 쓰지 않았다. 수십 년이 지난 지금 남편이 추억하는 것은 첫사랑에 대한 기억이지 첫사랑의 대상은 아님을 알기 때문이다.

　같은 상황을 두고도 서로 다르게 기억하는 사람들처럼, 어차피 내 기억 속의 첫사랑은 내 기억이 만들어낸 습작일 수 있다. 그것은 오랜 시간을 거치면서 내 머릿속의 연필과 지우개에 의해 수없이 변형되고 다듬어진다. 그 안에 사는 나의 첫사랑은 영원히 젊고 아름다우며, 뜨겁게 사랑하고 한없이 어리석다. 바로 그 기억들이 나를 행복하게 한다.

입맞춤

오스트리아 빈의 벨베데레 궁에는 오스트리아의 대표적인 화가 구스타프 클림트Gustav Klimt의 〈키스The Kiss〉가 전시되어 있다. 빈 분리파의 수정이지 독특하고 화려한 작품세계로 유명한 클림트의 작품들 중에서 가장 대중적이고 유명한 그림이라 하겠다.

10여 년 전 이 작품을 1천 조각짜리 퍼즐로 맞춘 적이 있다. 퇴근해서 돌아오면 밤늦은 시간이었음에도 새벽이 지날 때까지 퍼즐 맞추기에 몰두했었다. 처음으로 도전한 퍼즐인 데다가, 그림 자체에 색색의 작은 꽃이나 금빛 배경이 많아 조합하기 상당히 힘들었던 것으로 기억한다. 무려 한 달이나 걸려서 그림을 맞추는 동안 좁은 방 안은 늘어놓은 퍼즐 조각들로 난

장판이 된 상태였다. 개인적으로 무척 힘든 시기를 보내던 중이었는데, 졸음과 짜증을 견뎌가며 퍼즐을 맞추는 사이 고민의 크기는 눈에 띄게 작아졌다. 무엇보다도 〈키스〉의 조각들을 맞추는 동안 작품 속 두 남녀의 에로틱한 모습에 깊이 빠져들었다.

화려한 꽃이 흩뿌려진 초원 위에서 두 남녀가 황홀경에 빠진 채로 키스를 한다. 아름다운 연인을 축복하기라도 하는 걸까, 보기만 해도 눈이 부신 황금빛 아우라가 그들을 둘러싸고 있다. 금빛 색채의 강렬함 때문일까, 그들의 모습은 우아하기 그지없다. 남자는 여인의 입이 아닌 볼에 키스를 하고 있지만, 남자의 옷에 그려진 기다란 막대 무늬와 여자의 옷에 그려진 원형의 기하학적 무늬로 인해 그들은 매우 관능적으로 보인다. 키스로 시작한 이들의 관계가 얼마나 깊은 관계로 뻗어 나가게 될 것인지 슬그머니 궁금증이 생겨난다.

그런데 여자의 발끝 부분이 비탈진 곳에 걸쳐 있는 폼이 어쩐지 불안해 보인다. 초원은 왜 이어지지 않고 여자의 발아래에서 끊겨버린 걸까. 어쩌면 그것은 남녀가 거치는 필연적인 과정들을 상징적으로 보여주는 것은 아닐까. 사랑은 언제나 위태로운 것이니까.

처음으로 키스를 하던 순간의 황홀함을 기억하는가. 영화나 소설에서 '키스를 할 때 귀에서 종소리가 난다'는 것이 거짓말임을 알아챌 만큼 별 감흥이 없었는지, 아무 생각도 하지 못할만큼 무아지경에 빠져 있었는지 말이다. 어느 쪽이라고 해도사랑하는 이들이 서로의 마음을 확인하는 가장 확실한 방법은 키스가 분명하다.

키스의 순간 우리 몸속에서는 호르몬이 용솟음쳐 오르고 가슴은 두근거리며 얼굴은 발갛게 달아오른다. 부드러운 입술이맞닿고 나면 상대방에 대한 사랑과 친밀감은 치솟아 오르기시작한다. 저 사람이 진심으로 나를 좋아하는 걸까, 밤을 새워하던 고민은 이제 과거의 일이 되었다. 마음이 통했으니 지금부터는 사랑을 제대로 시작할 일만 남았다.

사랑에 빠지면 예뻐진다고 한다. 실제로 연애를 시작한 사람들은 분명 어딘가 달라 보인다. 사랑을 시작하면 행복 호르몬이 폭발하듯 분출되어 보다 젊고 아름다워지기 때문이다.재미있게도 키스는 그에 대한 과학적 설명을 가능케 한다. 일단 키스를 시작하면 뇌에서는 엔도르핀이 분비된다. 엔도르핀은 강한 마약성 진통제인 모르핀보다 무려 200배나 강한 힘을발휘한다. 하늘을 날 듯 기분이 좋고, 마음이 안정되며, 활력이솟아나니 스트레스 호르몬인 코르티솔이 끼어들 자리가 없다.오죽하면 키스를 즐기는 사람의 평균수명이 그렇지 않은 사람보다 5년이나 길다는 연구결과까지 있을까. 그런데 이것은 시작에 불과하다.

입을 맞추는 동안 우리의 얼굴 근육은 끊임없이 움직인다. 평소에 사용하지 않는 근육까지 무려 30여 개의 근육이 키스에 반응하여 꿈틀거리는 덕에 피부는 탄력을 얻게 된다. 또 여러 번에 걸쳐 오랫동안 키스를 하게 되면 피부가 처지거나 주름이 생기는 것도 예방해준다고 한다. 게다가 키스 한 번에 소모되는 열량이 평균 20칼로리나 된다니 이보다 더 좋을 수 있을까! 열심히 러닝머신을 뛰는 대신 부지런히 키스를 해도 살이 빠진다는 말이 아닌가.

이뿐이 아니다. 키스의 강도가 세져 혀를 주고받는 키스를 하게 되면 교감신경이 침샘을 자극해 침의 분비량이 늘어난다. 침 속에는 파로틴이라는 타액선 호르몬이 있어 뼈와 치아 조직을 튼튼하게 하고 혈관 벽의 탄력성도 좋게 만든다. 게다가 세균과 싸우는 백혈구 수치도 높여 면역 기능이 향상된다. 덕분에 충치나 잇몸병 같은 구강 질환도 예방해준다고 하니 건강을 위해서 지금 당장이라도 키스를 해야 할 판이다.

그렇다면 '이보다 좋을 수 없는' 키스는 어떻게 하기 시작한 것일까. 이에 대해서 참으로 흥미로운 이야기들이 많다. 혹자는 수렵이 생계의 수단이었던 원시시대에서 그 유래를 찾는다. 남자가 사냥을 나간 사이 여자가 집에 남겨둔 고기를 먹었는지 확인하기 위해 입을 맞춰 냄새를 맡았다는 것이다. 그리스에도 비슷한 이야기가 있다. 남편이 일을 나간 사이 아내가 와인을 마셨는지 확인하기 위해 입을 맞추며 술 냄새를 맡았다는 것이다. 배우자를 의심해 확인하고 단속하는 데서 키스가 시작되었다고 하니, 이보다 더 로맨틱하지 않는 일은 없을 듯싶다. 그런데 재미있는 사실은 그런 의도였음에도 불구하고 키스가 주는 묘한 기분과 황홀감으로 인해 점점 그 맛에 빠져들게 되었다는 점이다.

한편 미국의 저술가 가브리엘 글레이저Gabrielle Glaser는 서로의 입술을 맞대는 키스는 상대방의 페로몬을 확인하기 위한 의식이라고 정의했다. 페로몬은 코와 인중 사이에서도 분비가 되므로 인간의 오감 중 가장 원초적인 후각을 자극하게 된다. 그래서 키스를 하면 안드로스테놀이라는 페로몬이 풍겨 나와 성적인 자극을 빚고 상대방에게 친밀감을 갖게 된다는 것이다. 키스를 하다 보니 기분이 좋아져서 계속 하게 되었다는 말을 과학적으로 증명해주는 셈이다. 또한 키스와 후각의 연관성은 서로의 냄새를 맡는 행동을 통해 그에게 익숙해지는 과정 중에 키스가 생겨났다는 인류학자들의 견해와 상통하는 부분이다.

여기에 하나 더 재미난 이야기를 덧붙이자면 중세시대 유럽에서는 연인이 키스를 하려고 다가오면 그 앞에 사과를 내밀었다고 한다. 사과 향으로 입 냄새를 없애 키스의 즐거움에 집중하려는 의도로 말이다. 상대방을 기분 나쁘게 하지 않으면서 자기도 즐거울 수 있는, 아주 현명한 선택이 아닌가.

유럽에서는 키스를 성스러운 행동으로 여겨왔다. 사람이 내쉬는 숨 안에 그 사람의 영혼이 머물러 있는데 키스를 하게 되면 상대방에게 그것을 전달하게 된다고 믿었던 것이다. 그뿐만이 아니다. 입술에 손가락을 댔다가 하늘로 보내는 시늉을 하는 것은 신에게 자신의 존경과 믿음을 전달하는 행동이다. 남미의 페루에서는 달이나 태양에게 이런 방식의 키스를 보내는데 이 역시 같은 맥락이다. 또 교황은 처음으로 방문하는 곳의 땅에 키스를 한다. 이는 그곳에 축복을 내리고 평화가 임하기를 바라는 마음에서 하는 행동이다. 은퇴를 앞둔 운동선수들은 마지막 경기에 임할 때 경기장 바닥이나 자신의 운동기구에 눈물을 머금고 키스를 하는 장면을 연출한다. 지난 올림픽 때 장미란 선수도 바벨에 키스를 함으로써 많은 사람들에게 감동을 선물했다. 힘든 선수 생활을 하는 동안 자신의 곁을 지켜주었던 바벨에 대한 감사와 아쉬움의 인사였으리라.

이처럼 키스는 그 기원도 의미도 다양하다. 정말이지 성性스럽고 성聖스럽다. 그중 어느 하나를 선정해 키스의 정의를 내리는 것은 무의미한 일일 듯하다. 다만 키스가 사람을 행복하게 해준다는 점만큼은 확실하다.

1989년 개봉작 〈시네마천국Cinema Paradiso〉을 기억하는가. 중년의 영화감독 토토는 유년기에 큰 영향을 주었던 영사기사 알프레도의 죽음을 전해 듣고 고향마을로 내려간다. 그곳에서 토토는 영화에 빠져 살던 어린 시절과 그에게는 아버지 같았던 알프레도와의 추억을 회상하고, 이룰 수 없었던 첫사랑과도 재회한다. 그리고 토토는 알프레도가 남긴 낡은 필름통 하나를 전해 받는다. 그는 로마의 현대식 극장에 홀로 앉아 그 필름을 상영한다. 몇 초가 흘렀을까, 거친 화면 속에서 수많은 흑백영화에서 잘려 나갔던 키스신들이 끊임없이 이어져 나온다. 그것은 수십 년 전, 영화관에서 상영하는 영화를 검열했던 신부가 모조리 삭제했던 영화 속 키스신들이었다. 그 시절에는 절대 볼 수 없었던 금기의 장면들, 특히나 어린 토토는 너욱 볼 수 없었던 장면들, 하지만 모두 이들이 너무도 보고 싶어 아우성치던 바로 그 장면들이었다. 그것은 알프레도가 토토에게 남긴 애정과 유머가 넘치는 선물이었다.

영화를 본 지는 오래되었어도 그 장면의 감동만큼은 아직도 생생하게 떠오른다. 그만큼 강렬한 감동과 전율을 느끼게 하는 키스신은 다시 만나기 어려울 것 같다.

친구

친구親舊

오래 두고 가까이 사귄 벗.

영화 〈친구〉 덕택에 친구의 말뜻을 알게 된 사람들이 많아 졌다. 시간적인 개념과 감정적인 개념이 모두 포함되어 있는 이 말은 그 의미를 되새길수록 절로 가슴이 뜨거워진다. 친구 를 의미하는 다른 나라의 말과 비교하면 더욱 그러하다.

영어 friend는 '사랑하다'를 뜻하는 고대 영어 frēogan에서 비 롯했다. 원래 게르만 어근인 fri는 '사랑하다'라는 의미를 갖고 있다. 북유럽 신화의 주신인 오딘의 아내 프리그Frigg가 사랑의 신인 것도 그와 관련이 깊다.

불어의 ami, 스페인어의 amigo, 이탈리아어의 amico는 모두 친구를 뜻하며 라틴어 amicus에서 나온 단어들이다. 이는 '사랑하다'라는 의미의 동사 amare의 파생어다. 그리스어 philos는 동반자적 사랑을 의미하는데, 고대 철학자들은 agape나 eros에 비해 philos를 더 중요하다 여겼다. 이처럼 서양에서 친구라는 개념은 사랑에서 비롯했으니 결국엔 한 뿌리에서 나왔다고 볼 수 있다.

그런데 우리말 친구와 서양말 친구는 의미상 약간의 차이가 있다. 이 단어들의 의미를 놓고 볼 때 '오랜 기간'이라는 조건을 두는 것은 우리말 친구뿐이다. friend는 기간의 조건이 없어서 만난 횟수나 기간이 길지 않았어도 사랑한다는 감정만 있다면 붙일 수 있는 말이다. 그에 반해 우리의 친구는 만난 횟수가 얼마 되지 않거나 기간이 짧으면 웬만해서 붙이지 않는 말이다. 그래서 우리는 "저 사람이 너의 친구냐?"라는 질문을 받으면 그와 교류했던 시간과 감정적인 상황 모두를 고려해 친구인지 아닌지를 판단한다.

사실 친구는 한자어다. 그러나 순우리말인 벗이나 동무 같은 말을 쓰면 더 좋을 듯싶다. 순우리말인 벗은 나이와 처지가 비슷해 서로 가깝게 지내는 사람을 뜻한다. 동무도 마찬가지 의미를 갖지만, 북한에서 '뜻을 함께 하는 동지'의 의미로 사용하다 보니 우리나라에서는 사용하기를 꺼려하는 게 사실이다.

참으로 정겨운 우리말인데 정치적인 이유 때문에 사라지고 있다는 게 아쉽다. 그런데 벗이나 동무라는 단어는 감정적으로는 친구의 의미와 다를 바가 없으나, 오랜 시간이라는 의미가 빠진 것 같아 본래의 깊은 맛이 덜한 느낌이긴 하다.

친구라는 단어에 시간적인 개념이 들어가게 된 것은 사마천司馬遷의 《사기史記》에 친구親舊가 친고親故로 기록되어 있는 것과 관련된 듯하다. 친고親故의 친親은 친척을 뜻하고, 고故만 친구를 의미했다. 결국 친구의 어원을 거슬러 올라가 보면 그 끝에 고故가 있음을 알 수 있다. 옛 고故에는 시간적인 개념이 담겨 있으니, 오랫동안 교류해온 친구를 가리키는 말이라 하겠다.

이 대목에서 문득 궁금증이 생긴다. '오래 두고'는 어느 정도의 시간을 말하는 것일까. 아마 이 질문에 시원스레 대답할 수 있는 사람은 없을 것 같다. 적어도 10년 이상을 알고 지낸 사람이되, 1년에 24번 이상 만나야 하며, 한 달에 4번은 연락해야 한다는 식의 기준이 있는 것도 아니니 말이다. 누군가는 1년 정도가 기준이 될 수도 있고, 누군가는 3년이 기준이 될 수도 있다. 그야말로 주관적으로 판단할 내용이다. 어쩌면 사람들은 눈 감는 그 순간이 되어서야 누가 나의 진정한 친구인지 알게 되는 것인지도 모르겠다. 조지 워싱턴George Washington의 말처럼 참된 우정이란 느리게 자라는 나무 같은 벗이니, 함께 오래할수록 더 좋은 친구가 될 가능성은 더 커질 것이다.

그렇다면 '가깝다'는 것은 어느 정도의 거리를 말하는가. 이 역시 주관적으로 판단할 노릇이지만, 사람과 사람 사이의 거리가 가까워지는 것은 한 사람의 노력만으로는 절대 불가능하다는 사실만큼은 분명하다. 상대방이 한 발짝 다가서는데 나는 그 자리에 가만히 서 있다거나, 오히려 한 발짝 뒤로 물러서 버린다면 거리는 절대 좁혀지지 않는다. 상대방과 관계를 맺기 위해서는 상대뿐만 아니라 나의 노력도 절실히 필요하다.

문득 대학동창 한 명이 떠오른다. 학기 중에는 항상 함께 다니고 모든 일을 같이 했었는데, 희한하게 방학 때만 되면 연락이 두절되었다. 몇 번이나 전화를 해봐도 연결이 잘되지 않거나, 심드렁하게 안부만 묻고 마는 것이었다. 결국 나도 더 이상 연락을 하지 않았다. 그리고 다음 학기가 시작되었을 때 언제 그랬냐는 듯 친근하게 다가오는 그 친구의 얼굴이 정말 보기 싫었던 기억이 난다. 각종 과제와 출석을 위해서 학기 중에 내가 필요했던 것, 그 이상도 그 이하도 아니었던 것이다. 그런데도 자신의 지인들에게 나를 친구라고 소개하는 것이 몹시 불쾌했다. 어떤 필요에 의해 다가섰다 물러서기를 반복하는 사람은 결코 친구라 할 수 없지 않은가. 물론 그 아이의 속사정까지 다 알 수는 없었으니 오해한 부분도 있을 수 있지만, 안부전화를 하기 싫었다면 걸려온 전화를 반갑게 받는 노력이라도 했어야 하지 않을까. 그 정도의 노력도 하지 않는다고 하면 두 사람 사이는 결코 가까워질 수 없을 것이다.

우리는 오랜 기간 동안 가깝게 지내는 벗들과 마주하며 인생길을 걸어간다. 그런데 순간순간 관계를 시험하는 구덩이에 빠지곤 한다. 10대에는 성적이나 외모 때문에 종종 문제가 발생한다. 성적이 떨어진 친구에게 말로는 위로를 하면서 속으로는 내 성적이 더 낫다는 안도감이나 우쭐거림을 느낄 때, 혹여 그 감정들을 친구에게 들켜버렸을 때 관계는 위협을 받는다. 20대가 되면 누가 더 좋은 대학에 들어갔는가, 어떤 사람을 사귀는가, 얼마나 좋은 직장에 들어갔는가에 민감히 반응한다. 30~40대가 되면 어떤 배우자를 만났는가, 자식들은 얼마나 공부를 잘하는가, 어떤 집에 사는가의 문제로 감정들이 뒤엉키기 시작한다. 어찌 보면 이 시기는 진정한 친구의 의미가 상당히 퇴색되는 때가 아닌가 싶다. 이유는 간단하다. 나와 친구, 두 사람만이 아니라 그 사이에 다른 문제들이 개입하기 때문이다. 미혼일 때는 친구에게 시간이든 돈이든 많은 부분을 할애해도 그건 내 마음대로였다. 하지만 결혼한 뒤로는 배우자와 자녀가 둘 사이에 들어서게 된다. 한마디로 우선순위에서 뒤로 밀리는 것이다.

특히 여자들의 경우 육아와 가사에 쫓기다 보면 시간을 내서 친구를 만나기가 매우 어렵다. 가끔 만나는 친구가 남편이

나 자식, 시댁 이야기를 하는 것을 보면 때로는 화가 치민다. 상대방은 본인의 상황을 이야기하는 것인데도 불구하고 내 상황이 좋지 않을 때는 그 모든 것이 자랑처럼 느껴지기 때문이다. '엄친아'가 자녀들에게만 스트레스를 주는 것은 아니다. 내 친구의 아들이 잘나서 기분 좋다기보다는 그렇지 못한 내 환경이 짜증스럽고 질투가 나 부모 또한 스트레스를 받게 된다. 남자들도 마찬가지다. 한창 사회활동을 하는 시기이기 때문에 보이지 않는 경쟁심을 자극받는다. 또한 친구의 비판과 비난을 잘못 구분할 때 관계는 위기에 봉착할 수밖에 없다.

그러다 50대 이후가 되어 자식들도 독립하게 되고, 부부 사이도 시들해지면 자연스레 친구를 찾게 된다. 삶의 고독과 우울함이 덮쳐 오는 순간, 사회나 가정에서 상처받고 설 자리가 위태롭다 느끼는 순간 친구는 나에게 가장 큰 힘이 되어준다. 그때 내 곁에 있는 친구는 수십 년 동안 두 사람 앞에 놓여 있던 구덩이를 잘 건너 뛰어온 사람이다. 어떤 구덩이에는 질투심을 던져놓고, 어떤 구덩이에는 미움을 집어넣고, 어떤 구덩이에는 서운함을 구겨 넣으며 지금까지 함께해왔다. 그러는 동안 나 자신도 수많은 날선 감정들을 구덩이에 파묻으며 친구 옆을 지켜왔다.

이제 흰머리가 내려앉은 친구는 내가 기억하지 못하는 나의 빛나는 순간들을 기억해낸다. 아주 오래전에 했던 우스갯소리부터 선생님께 칭찬받았던 순간들, 나의 인간성이 빛을 발했던 사건, 나는 인지하지 못했지만 친구에게 큰 힘이 되었던 일들을 친구는 하나씩 풀어내 준다. 그 말 한 마디에 차가운 밤길을 홀로 걷다 꽁꽁 얼어버린 나의 몸은 아침 햇살을 만난 듯 따스하게 녹아내린다.

종자기鍾子期는 친구 백아伯牙의 거문고 연주를 듣기만 해도 그의 생각을 알아맞출 수 있었다고 한다. 오래 두고 가까이 한 벗이니 내가 어떤 행동을 하든지, 어떤 표정을 짓든지, 어떤 말을 하든지 그 마음을 이해해줄 수 있기에, 그래서 오해할까 걱정하지 않아도 되는 것이다. 그래서 친구는 서로를 잘 알기에 상대의 뜻을 거스를 일이 없는 막역莫逆한 사이라고 하는 것일 테지.

어른도 아이도 친구가 부족한 시대가 되었다. 살아가기가 힘들어지니 사회는 삭막해졌고 물질적으로나 감정적으로 주고 싶은 마음도 사라져 간다. 몸으로 부딪치며 뛰어놀아야 할 어린아이들은 학교를 벗어나면 온라인 세계의 친구에 더 빠져든다. SNS를 통해서 전 세계 사람들과 관계를 맺는다. 인류가 존재한 이래로 이렇게 짧은 시간 안에 많은 접촉이 이루어진 적은 없었다. 희한한 일이다. 평생 세 명의 친구를 얻기가 어렵다고 했는데, 수백에서 수천 명의 친구를 단시간에 만들어낼 수 있다니 말이다. 그러면 사람들은 더 이상 외롭지 않게 된다는 말일까.

다시 친구의 원래 의미를 생각하지 않을 수 없는 이유가 여기에 있다.

오래 두고 가까이 사귄 벗

백발의 내 곁에 그런 친구가 남아 있다면 나 또한 누군가의 옆에 그런 친구로 남아 있는 것인지 잠시 생각해보는 건 어떨까.

아이돌

요즘 텔레비전에 나오는 음악 프로그램을 보면 죄다 똑같이 생긴 것만 같은 어린 친구들이, 그것도 무더기로 나온다. 게다가 노래라는 것들도 모두 영어가 난무한 가사에 시끄러운 전자음을 입힌 것들뿐이다. 노래를 제대로 하고 있는지조차 잘 모르겠다. 요란한 사운드에 사람의 목소리는 묻혀버린 지 오래다.

옛날에 할머니가 그러셨다.

"요즘 가수들은 도무지 구별을 못 하겠다. 시끄럽기는 왜 그렇게 시끄러운지……."

나도 벌써 우리 할머니만큼이나 나이가 든 걸까.

요란한 사운드에, 요란한 옷으로 치장한 어린 가수들 앞에는 언제나 제가 가수인 양 노래를 따라 부르고 땀을 뻘뻘 흘려 가며 환호하는 또 다른 어린 친구들이 존재한다. 행여 밤새 준비한 피켓이 보이지 않을까, 까치발에 만세를 해가며 목이 터져라 가수의 이름을 외친다. 제발 좀 한번 보아달라는 듯하다. 그런 아이들의 모습을 보며 문득 드는 생각은 '아, 저때는 나도 그랬는데……'다.

10대들이 열광하는 어린 가수들을 우리는 아이돌이라 부른나. 아이돌idol은 본래 우상偶像을 뜻하는 영어 단어다. 그리스어 에이돌론eidolon, 라틴어 이돌룸idolum에서 그 어원을 찾을 수 있다. 우상이라 하니 뭔가 그럴듯하게 맞아떨어지는 듯 보이기도 하지만 사실 아이돌은 종교적 의미에서 온 말이다. 종교와 대중가요, 어쩐지 묘하다. 그래서 10대 팬들을 광신자에 비유하는지도 모르겠다.

그런데 어린 대중가수라 해서 모두 아이돌이라 불리는 것도 아니다. 딱 떠오르는 가수의 이미지는 있지만 한 문장으로 설명하기는 쉽지 않다. 일단 아이돌이기 위해서는 10대 언저리여야 한다. 또 팬의 대부분이 10대다. 이것 외에도 동성으로 이루어진 그룹이라는 특징이 있다. 간혹 혼성 그룹도 있기는 한데 동성 그룹보다 인기 면에서 뒤처지는 것이 사실이니까. 10대로서 10대 팬을 두고 동성으로 이루어진 대중가요 그룹.

이만하면 우리가 알고 있는 아이돌의 정의가 아닐까, 구시렁대 본다.

내게 아이돌은, 지금의 아이돌의 정의와는 조금 다르지만, 단연 서태지와 아이들이었다. 아이돌의 본래 의미인 '우상'에 가까운 존재였지 싶다. 시대를 앞서간 음악과 춤으로 나와 내 친구들을 열광시켰다. 나도 그랬다. 가출까지는 아니었지만, 대형 브로마이드를 방에 걸고, 서태지의 엽서를 책 사이사이마다에 꽂아두고, 콘서트가 가까운 지역에서 열린다는 소식이 들리면 가고 싶다는 생각에 마음이 콩닥거리던 그런 때가 있었다. 그럴 때마다 돌아오는 어른들의 말은 "공부를 그렇게 해라"였지만 말이다. 주체할 수 없는 혈기를 온통 시답잖은 가수에게나 쏟아내고 있는 것으로 보였으니 그럴 만도 했겠다.

그런데 한 가지 웃기는 것 하나. 6~70년대 세계적으로 인기를 끌었던 클리프 리처드Cliff Richard라는 가수가 있다. 지금 젊은 친구들에게는 카페에서 생일 파티를 할 때 틀어주는 팝송의 가수라고 하면 "아! 그런데 누군지는 모르겠어요"라고 답할, 그런 사람. 그가 우리나라에 첫 내한공연을 했을 때 속옷을 벗어 무대에 던지고 흥분한 나머지 기절을 했던 여대생들이 바로 우리 엄마, 이모 세대라는 것이다. 공부나 하라고 통박하던 엄마, 이모는 또 다른 나였고, 지금 야자를 빼먹고 몰래 방송국으로 달려간 텔레비전 속 저 아이들 역시 또 다른 나인 것이다.

요즘 어린 친구들은 하나같이 잘생겼고 예쁘다. 막 이성에 눈을 뜨는 청소년들의 마음을 설레게 하기에 충분하다 싶다. 같은 반 찌질이 남자아이들과는 달리, 새침데기 여자애들과 달리 우리 오빠들은 너무나도 잘생겼고, 우리 누나들은 너무나도 다정하다. 싫은 소리 하나 하지 않는다. 그저 고맙고, 그저 사랑한댄다. 어떻게 좋아하지 않을 수 있을까. 학교에서 꾸벅꾸벅 졸지언정 밤새 아이돌의 자료를 찾을 수밖에 없고, 학교나 학원까지 빠지고서라도 출연한다는 음악 프로그램에 가봐야 한다. 그러다 보니 부모는 미치고 팔짝 뛸 노릇이다. 비싼 돈 들여 학원에 보내놨더니 기껏 한다는 게 학원 빠지고 방송국 가는 것이라니 말이다. 물론 이럴 때는 제 어릴 적 생각은 도무지 나지 않는다.

"엄마도 서태지 좋아했다며?"

"그럼 뭐하니? 괜히 시간만 버린 거지. 엄마가 해봐서 알아. 너 그러다 후회하게 된다."

해봐서 헛된 일이라는 거 아니까 제발 좀 정신 좀 차리라고, 후회하게 된다고. 씨알이 먹힐 리가 없다.

얼마 전 한 케이블 방송에서 〈응답하라 1997〉이라는 드라마가 방영되었다. 1세대 아이돌에 열광했던, 소위 1세대 빠순이를 주인공으로 한 드라마다. "맞아, 맞아. 나도 저랬지"의 엄마의 공감과 "아, 저 때도 그랬구나" 하는 딸의 공감에 힘입어 드라마는 케이블 방송 드라마치고 그야말로 대박을 쳤다.

지금은 예능 MC로들만 알려져 있는 문희준이나 은지원 같은 이들이 HOT, 젝스키스라는 팀으로 청소년들의 우상이었던 시절 이야기다. 그리고 저마다 자기가 사랑하는 팀의 풍선을 흔들며 노래를 따라 부르고 춤을 따라 추던, 그리고 그들의 집 앞에서 한 번이라도 얼굴을 보기 위해 밤새 기다리던 시절의 이야기다. "오빠, 사랑해요"를 외치던 그들의 팬들, 이제는 "연예인 좀 그만 따라다니고 공부 좀 해라"는 잔소리를 늘어놓는 엄마, 이 모들의 그 시절 이야기다. 장면마다 "엄마도 저랬어?"라고 의아하게 묻는 딸에게 "아니"라고 뻔뻔스럽게 말하면서, 스멀스멀 기어 나오는 웃음을 고개를 외로 꼬고는 애써 흘려보낸 엄마들이 얼마나 많았을까.

드라마의 성공은 단순하게 빠순이에 대한 이야기였다면 불가능했을 일이다. 그 시절 첫사랑에 대한 알콩달콩함과 적재적소에 그 시절의 노래를 배치함으로써 가슴 저 밑바닥에 가라앉아 있던 추억들이 기어 나오게 했기 때문에 가능했던 일이다. 그 가수가, 팀이 보고 싶다는 것보다는 그 시절 그 열정이 그리웠던 게 아닐까 싶다.

뭔가 되어 있었을 것 같았던 서른도 훌쩍 넘고, 올까 싶었던 마흔도 넘었다. 열심히 살았고, 열심히 살고 있다고 자부하지만 아무래도 그 시절의 열정에는 못 미치는 듯하다. 그래서 아쉽고, 그래서 그립다. 10대라는 한정된 틀을 벗고 우상이라는 의미의 아이돌 하나쯤 내 마음에 있어도 좋겠다.

지금 내게 아이돌은 현란한 춤을 추는 어린 친구들보다는 서른 즈음을 노래하던, 언젠가는 마흔을 노래해줄 줄 알았던 여전히 젊은 모습의 김광석이다. 풍선을 들고 콘서트를 찾아다니거나 새로운 음반을 줄을 서서 살 수는 없지만 상관없다. 그의 노래를 사랑할 수 있어서 좋고 행복하다. 행복할 수 있다면 그것으로 됐지, 뭐.

밥

영화 〈우아한 세계〉의 송강호는 기러기 아빠다. 그리고 당뇨병 환자다. 하지만 그는 텅 빈집에서 라면으로 끼니를 때운다. 라면을 먹으며 가족들의 행복한 외국 생활을 찍은 비디오를 보는 그의 얼굴에 미소가 가득하다. 그러다 갑자기 그의 입에서 꺼억꺼억 울음소리가 터져 나온다. 급기야 잘 먹던 라면 그릇을 바닥에 힘껏 내동댕이쳐 버린다. 그리고 잠시 후 그는 비닐봉지를 가지고 와 바닥에 널려 있는 라면을 쓸어 담는다.

우리에게 밥은 무엇일까? 밥은 살아 있음, 곧 생명을 의미한다. 밥맛이 좋고 나쁘고는 그 이후의 문제다. 살아 있기에 밥을 먹고 살아 있기에 함께 수저를 들어 올린다. 식구食口란 함께 밥을 먹는 사람들을 의미한다. 그래서 식구는 생명을 나누는 가족 공동체다. 죽일 듯이 싸우고 서로 미워하다가도 밥 먹을 시간만 되면 어김없이 식탁에 모여 앉는다. 그렇기에 한자리에 둘러앉아 밥을 먹는 일은 중요하다. 죽은 조상을 위해서 정성스레 밥을 지어 올리는 것도 같은 맥락이다. 제사상에 올린 따끈한 밥 한 공기는 한 식구였던 조상에게 보내는 자녀들의 애정과 그리움의 표현이다.

영화 속 주인공은 비디오 속 가족들과 동떨어진 자리에 홀로 앉아 영양가 없는 라면 가닥을 씹고 있는 상황에 몹시 화가 났을 것이다.

'가족들은 내가 없어도 행복하게 잘 지내는구나. 나는 대화를 나눌 상대도 없이 라면이나 끓여 먹고 있는데! 나는 당뇨병 환자라 음식 조절을 잘해야 하는데도 아무도 내게 신경 쓰지 않는구나!'

그의 마음속에 서러움과 분노가 한꺼번에 밀려들었음을 이해하기란 어렵지 않다. 게다가 더 마음 아픈 것은 면과 국물로 엉망이 되어버린 거실 바닥은 결국 자신이 다 치워야 할 몫이었다.

살다 보면 누구나 혼자 밥 먹는 상황을 경험하게 된다. 어떤 이들에게는 그 상황이 고역처럼 느껴질 것이다. 대학시절 지방 출신이었던 탓에 주말이면 같이 밥 먹을 사람이 없어서 매

번 혼자 밥을 먹어야 했다. 한동안은 집에서 밥을 해 먹는 것
도, 식당에 홀로 앉아 사 먹는 것도 쓸쓸하기만 했다. 분명 배
는 고픈데 입맛은 쓰기만 해서 물에 훌훌 말아 먹거나 김에 싸
먹고 말았던 때가 많았다. 요즘이야 혼자 밥 먹는 사람들이 많
이 늘었지만 그때는 여자 혼자 밥을 사 먹는 모습을 이상하게
바라보는 사람들이 꽤나 있었다. 그런 시선을 피하기 위해 책
이나 신문에 고개를 처박고 있었고, 그것마저 없을 때는 빠른
속도로 밥을 몰아넣었다. 그러다 보니 모든 음식을 빨리 먹는
나쁜 습관이 생기고 말았다.

　우리 몸은 원래 음식을 먹으면 혈액 중 포도당의 농도가 올
라가 포만감을 느끼게 되어 있다. 그런데 음식을 빨리 먹다 보
니 포만감을 느끼기기도 전에 너무 많이 먹어버리는 현상이
발생한다. 실제로는 충분한 양을 먹었는데도 식욕을 조질하는
뇌의 시상하부에서는 배가 부르다는 사실을 뒤늦게 인지한다.
혈당치가 충분히 오르기까지는 15분에서 20분 정도가 걸린다
고 하니 식사를 그만큼 여유롭게 해야 한다는 말이 된다. 이런
습관을 바로잡는 데까지 꽤나 오래 걸렸는데, 아직도 완전히
고치지는 못 한 것 같다.

　한 친구는 마흔을 넘긴 나이에 어렵게 옮긴 직장에서 가장

고통스러운 시간은 점심시간이라고 말했다. 새로운 동료들과 친해지기 전 사람들과 함께 어울려 식사를 하러 가기 애매해서 주로 혼자 식사를 했다. 한번은 날이 싸늘하고 비까지 내려 매콤한 전골이 먹고 싶었는데 전골은 2인분이 기본이라 어쩔 수 없이 다른 음식을 주문해 먹어야만 했다. 그렇게 밥을 먹는데 괜스레 서글퍼지더라는 것이었다. 전골이야 나중에 먹으면 되는데 뭐가 문제냐 하겠지만, 함께 밥을 먹을 동료가 없다는 사실이 그 순간 친구를 움츠러들게 한 모양이었다.

실세로 같이 밥을 먹는 행위는 분명히 사람과 사람 사이를 가깝게 한다. 보기에도 좋고 맛도 훌륭한 음식을 먹다 보면 사람의 뇌는 활력이 넘치고 행복감을 느끼게 된다. 그 행복감을 지금 나와 음식을 먹는 사람과 나누다 보면 그에 대한 호감도는 상승한다. 그래서 친해지고 싶은 사람이 있으면 함께 밥을 먹으라는 말이 있다. 누군가와 친구가 되고 싶고, 연인이 되고 싶고, 가족이 되고 싶다면 같이 밥을 먹어야만 한다. 사람마다 행복감을 느끼는 상황이나 강도는 제각기 다르겠지만, 가장 공통적이고 손쉽게 행복감을 느낄 때는 바로 맛있는 음식을 먹을 때가 아니던가.

흔한 경험으로, 소개팅 자리에서 차만 마시고 헤어졌는지 식사도 했는지에 따라 소개팅의 결과가 다를 확률이 높다. 함께 식사를 하면 자리에 대한 긴장감도 덜고 상대방을 편하게 느끼게 될 가능성이 크다. 이후로 만날 때마다 맛있는 음식을 나눠 먹다 보면 친밀감은 더욱 두터워지고 자연스레 사랑도 싹트게 된다. 그렇게 사랑하는 이와 마주 앉아 그릇과 수저가 부딪치는 소리를 배경으로 이야기를 나누는 시간은 소중한 추억으로 쌓여간다.

낯선 곳을 여행할 때도 마찬가지다. '금강산도 식후경'이라는 말과 '여행을 하면 그 고장의 음식을 반드시 먹고 와야 한다'는 말은 진리이자 철칙이다. 유행처럼 번졌던 유럽 배낭여행 중에 각 도시에서 먹었던 음식과 관련된 에피소드들은 언제 꺼내놓아도 즐겁다.

로마를 여행할 때의 일이다. 동행과 저녁식사를 하러 작은 레스토랑을 찾았는데, 주방장이 맛있는 음식을 대접하겠다고 호들갑을 떨었다. 고마운 마음으로 추천하는 음식을 먹기로 했는데 생각지도 않았던 일이 터지고 말았다. 샐러드며 파스타며 입에 넣는 순간 너무 비리고 역한 냄새 때문에 한 입도 삼키지 못하고 뱉어버린 것이다. 주방장을 비롯해 웨이터들의 얼굴이 금세 무섭게 변하는가 싶더니 우리를 향해 소리를 지르며 항의를 시작했다. 나중에 알고 보니 우리가 먹은 음식에는 엔초비, 즉 서양식 멸치 젓갈이 들어가 있었다. 엔초비를 좋아하는 주방장이 동양 여자들을 환영하는 의미로 아낌없이 재료를 쓴 덕에 우리는 내쫓기듯 레스토랑을 빠져나와야만 했다.

다음 날 우리는 사과의 의미로 다시 그 레스토랑을 찾았고, 그들의 오해를 풀었으며, 엔초비가 절대 들어가지 않은 파스타와 피자를 나눠 먹으며 즐거운 한때를 보냈다. 그리고 이제 날카로운 엔초비의 추억은 행복한 기억으로 아로새겨져 있다.

이렇듯 먹는 즐거움을 잘 알기 때문일까. 우리는 지인이라면 누구에게나 "밥 한번 먹자"는 말을 자주 한다. 하지만 이 말은 실제로 실행되기보다는 공허한 약속으로 떠돌 때가 더 많다. 인사말을 대신해 습관적으로 내뱉는 말일 뿐 반드시 밥을 먹어야 한다고 생각하시는 않는 것이다. 그래도 힘든 상황에 처해 있을 때 가족이나 친구가 사주는 밥 한 끼는 그 어떤 보약보다도 더 큰 힘이 된다. 누군가에게 먹는 것으로 다가가는 일은 둘의 관계를 훨씬 부드럽게 만들어주기 때문이다.

못 먹고 못살던 시절의 유물이라 일컫는 "식사하셨어요?"라는 인사말도 그렇다. 이 말은 그런 배경과 상관없이 정겹기만 하다. 별 뜻 없이 건네는 말임은 알지만 바쁜 일상 속에서 가족 아닌 누군가가 내 끼니에 대해 물어본다는 것은 다른 인사말보다는 나를 챙겨준다는 느낌이 강하다.

여기에 우스갯소리를 하나 더해본다. 사람은 누구나 배가 고프고 당이 떨어지면 우울하고 날카롭게 변하기 마련이다. 반면 밥을 잘 먹고 포만감을 느낀 상태에서는 정신도 맑아지고 세상을 긍정적으로 바라보는 여유가 생긴다. 바보라는 말이 밥보에서 유래한 것을 봐도 그렇다. 밥보는 밥 먹는 것 이외의 일에는 관심이 없는 사람을 말한다. 오로지 밥 먹는 일에만 집착하는 그는 포만감 덕에 행복해 하며 밥보라 놀림 받아도 싱글싱글 웃는다. 그러므로 누군가에게 부탁을 해야 하거나 내가 잘못을 한 상황이라면 반드시 그 사람의 식사 여부를 묻는 편이 낫다. 상대방의 포만감이 나를 위기로부터 구해줄지도 모르니까.

365일, 하루 세끼를 꼬박 먹는 밥이지만 식구들이 여유롭게 둘러앉아 숟가락을 드는 횟수는 점점 줄어들고 있다. 모두가 바쁜 세상이다. 하지만 다 먹고 살자고 하는 일이 아닌가. 시간에 쫓겨 편의점 구석에 서서 끼니를 때우는 의미의 밥이 아니라, 하루 한 끼라도 서로의 눈을 맞추며 생명을 나누는 의미의 밥을 먹을 수 있기를 바라는 마음이다.

탯줄

불과 몇 십 년 전만 하더라도 우리의 어머니들은 집에서 아이를 낳았다. 무명베로 만든 흰 천을 문고리나 기둥에 매달아 두면 산모는 그 천을 잡고 안간힘을 쓰며 출산의 고통을 오롯이 견뎌냈다. 혹여 천을 맬 곳이 마땅치 않으면 무명베를 밖으로 길게 늘어뜨려 출산 경험이 있는 여자의 허리에 묶어두었다. 산모가 힘을 줄 때 밖에 선 여자는 끈을 함께 잡아당겨 주었다. 이미 아이를 낳아본 경험을 살려 힘을 줄 때와 뺄 때를 알려주고 두려움을 이기도록 독려해줌으로써 신체적, 정신적인 도움을 준 것이다. 온몸의 뼈마디가 끊기는 듯한 고통과 싸운 끝에 아이의 울음소리가 터져 나오면 그제야 산모의 입에서도 안도의 한숨이 새어 나왔다.

그때까지 아이는 어머니의 몸으로부터 떨어져 나온 태반에 탯줄로 이어진 채다. 자궁 안에 있는 동안 탯줄은 아이의 밥줄이자 생명줄이었다. 태아가 5주차에 접어들 무렵에 만들어지는 탯줄은 태반에서 나와 태아의 배꼽을 통해 심장으로 연결된다. 지름 1센티, 길이 50센티 가량으로 구불구불한 모양을 한 탯줄에는 두 개의 동맥과 한 개의 정맥이 흐른다. 탯줄은 엄마 몸으로부터 산소와 영양분을 아이에게 공급하고 노폐물을 배설하는 통로가 되어준다. 아이가 엄마 뱃속에서 살았던 9개월의 시간 동안 탯줄은 두 사람을 하나로 이어주고 있었다. 만약 엄마의 몸에 이상이 생긴다면, 탯줄이 제 기능을 못하게 된다면, 아이의 몸에 어떤 문제라도 발생한다면 두 사람모두 위험해질 수 있다. 그 시간 동안 그들은 분명 한 몸이기때문이다.

이제 막 세상 밖으로 나온 아이를 두 손으로 받아낸 산파는 탯줄을 위로 치켜들어 손으로 꼭 쥐고 아기 쪽으로 두어 번 훑어 내렸다. 그리고 명주실로 탯줄의 중간 지점 두 곳을 칭칭 동여 묶었다. 칼이나 가위를 소독하지 못했을 때는 자신의 이로 탯줄을 자르기도 했다. 그래야 쇠 독이 오르지 않아 아기에게별 탈이 없기 때문이었다. 탯줄이 잘린 아이는 어머니로부터일차적으로 독립을 했다.

아이가 태어나고 3일이 지나면 가족들은 탯줄을 항아리에 담아 땅에 묻거나 종이에 싸서 태웠다. 그로부터 며칠 후 아이의 배꼽에 이어져 있던 탯줄이 말라 떨어지게 되면 이제 아이와 엄마가 한 몸이었다는 물질적 증거는 배꼽 외에는 없다.

아이를 낳고 나면 집의 대문에 외부인의 출입을 금하는 금줄을 쳤다. 금줄은 삼칠일, 즉 21일 동안 걸어두어 아이의 출산을 알림과 동시에 질병으로부터 산모와 아이를 보호하는 기능까지 수행했다. 21일 정도는 잘 쉬어야 산모의 자궁이 재생되고 몸이 회복될 수 있으며 아기는 병균을 이겨낼 만큼 잘 자랄 수 있었다.

금줄을 꼴 때는 왼새끼를 꼬았다. 오른새끼가 인간세상에 속하는 것이라면 왼새끼는 신성세계에 속하는 것이었다. 그래서 왼새끼는 성스러운 것이 되고 삽귀를 쫓아내는 힘을 발휘해 나쁜 기운으로부터 아이를 지켜준다고 믿었다. 새끼줄은 짚으로 꼬았는데 이는 생산능력을 지닌 토지를 의미했다.

금줄에는 아이의 성별에 따라 여러 가지 사물을 매달아 놓았다. 남자아이면 생솔가지나 숯, 빨간 고추를 걸어두었다. 숯은 더러운 것을 정화하라는 의미였고, 붉은 고추는 귀신이 싫어하는 색을 써서 잡귀들이 집 안으로 들어오지 못하게 막는다는 의미가 있었다. 여자아이면 솔잎을 숯과 함께 끼워 매달았다. 솔잎은 고고한 절개의 상징으로 여자로서 절개를 잃지 말고 살아가기를 바라는 마음을 담고 있었다.

금줄에는 하얀색 종이도 매달았다. 예로부터 흰색은 신성함을 상징했다. 아기를 해치는 잡귀나 부정한 기운이 집 안으로 들어오지 못하게 막고 아기가 건강하기를 바라는 마음에서 비롯된 것이었다. 아기의 백일이나 돌에 백설기를 하는 것도 이런 이유라 하겠다.

이렇게 해서 고귀한 출산의 과정이 끝났다. 하지만 그것은 기나긴 여정의 시작일 뿐이었다. 첫 번째 탯줄이 사라진 자리에 보이지 않는 두 번째 탯줄이 자라고 있기 때문이다. 이제 부모는 또 다른 형태로 아이를 먹이고 입히고 재우기 시작한다. 건강하게 자란 아이는 뒤집고 기다 걷기를 완성한다. 아이가 유년기를 거치는 동안 부모는 혹시나 아이가 다칠까, 아플까, 마음을 졸이며 뒤를 쫓는다. 하지만 그 대신 이제껏 경험하지 못한 가슴 벅찬 기쁨도 느끼게 된다. 이제껏 누군가를 이렇게 절실히 사랑해본 적도 없고, 이렇게 환하게 웃어본 적도 없었다.

그런데 어느새 커버린 아이는 사춘기의 터널 속으로 빠져들고 자식 덕에 누렸던 환희의 순간은 종종 고통과 기다림의 순간으로 변질되곤 한다. 하지만 부모는 고름과도 같은 아이의 노폐물을 온몸으로 받아내며 그 시간을 버텨낸다. 어렵사리 터널을 통과한 아이가 입시를 보고 성인이 되어서도 부모의 시선은 끊임없이 아이의 뒤를 쫓는다. 아이가 더 이상 부모를 바라보고 있지 않는 순간에도 시선은 멈추지 않는다. 아이는 사랑을 하고 이별을 하며 감정적으로 성숙해간다. 탯줄이 닿지 않는 공간에 있는 군인 아들을 둔 부모에게 365일은 한겨울이다. 사회로 한 발을 내딛은 아이가 직장을 구할 때까지 부모의 탯줄은 쉴 새 없이 부풀었다 사그라지기를 반복한다. 그리고 아이가 인연을 만나 결혼을 하게 되면 탯줄은 한없이 부풀어 올라 부모로부터 양분을 최대한 빨아들인다. 그러는 사이 부모는 눈에 띄게 작아지고 자식은 튼튼하고 강하게 성장한다.

드디어 아이는 새로운 생명을 잉태하게 되었다. 여자라면 스스로, 남자라면 아내의 건강한 탯줄로 새 생명을 키워내는 것이다. 그리고 그 생명이 여자의 뱃속에서 아홉 달을 건강히 지내다 나오게 되면 여자와 남자는 비로소 진정한 어른이 된다. 그리고 다시 아버지가 된 남자가 태반에 연결된 첫 번째 탯줄을 자르면 그 순간 보이지 않는 두 번째 탯줄이 남자와 여자의 몸에 휘감긴다.

이제 부모가 된 여자와 남자가 그들의 부모와 연결된 두 번째 탯줄을 잘라야 할 때가 되었다. 마침내 진정한 어른이 된 그들이 진정한 독립을 준비할 시간이 온 것이다. 수십 년 동안 보이지 않게 연결된 탯줄을 잘라내는 순간 부모는 어깨에 얹어두었던 짐으로부터 해방되고 자식은 그들의 부모가 걸었던 길을 걷게 된다. 앞으로 더 이상은 부모에게 의지하면서 입으로만 "나는 독립된 존재"라고 말해서는 안 된다.

부모 역시 홀로서기를 선택한 자식들을 섭섭하거나 애처롭게 바라봐서는 안 된다. 수십 년 동안 영양분을 공급하고 노폐물을 거두어들였던 탯줄을 정갈하게 종이에 싸서 태우며 독립된 가정을 이룬 자식들을 축복해야 한다. 그리고 훌륭하게 자식을 키워낸 자신과 배우자를 서로 아끼고 격려하며 그들 스스로도 독립된 삶의 여유와 즐거움을 매일같이 느껴야만 한다. 서로에게서 독립했다고 해서 그들이 내 자식이 아닌 것도, 내 부모가 아닌 것도 아니기 때문이다.

탯줄의 흔적인 배꼽은 언제나 그 자리에 남아 있다. 그것은 내가 나의 어머니와 연결되었음을 증명하는 가장 강력한 물증이다. 근육도 지방도 없이 그저 피부로만 덮여 오목한 모양인 채로 남은 배꼽은 나의 근원이 어디에서 시작되었는지를 깨우쳐주기 때문이다.

나의 근원이 나를 얼마나 행복하게 했는지 기억하는 사람은 자신도 자식에게 그러한 근원이 될 가능성이 크다. 그는 분명 두 번째 탯줄을 태우는 그 순간까지 자식에게 좋은 부모가 될 것이다.

보태다

짱구가 말했다.

"인생은 뜨거웠다 얼었다 녹는 거"라고.

고작 다섯 살짜리 꼬마 녀석이 사랑을, 결혼생활을, 그리고 인생을 정확히도 표현해냈다. 오해하고, 싸우고, 화해하기를 반복하는 부모를 열심히 관찰한 탓일까. 녀석은 보통 아이가 아닌 게 분명하다. 그래서 〈짱구는 못 말려〉를 비교육적이라고 하는가 보다.

실제로 우리는 삶을 사는 동안 뜨거웠다 얼었다 녹는 여러 번의 온도 차를 경험했고 앞으로도 그럴 것이다. 처음에는 미칠 듯이 빠져들었던 것들도 시간이 지나면서 시들해지는 일은 다반사였다. 공부도 일도 사랑도 그랬다. 결혼생활은 더욱 그러했다.

한 여자와 한 남자가 만나 사랑에 빠졌다. 마침 결혼적령기가 된 데다 부모님의 성화 때문에 생각보다 빠르게 결혼을 결정했다. 자라온 환경도 다르고, 성격도 다르고, 온통 다른 것투성이다. 그래도 사랑 하나만 있으면 어떻게든 문제를 해결할 수 있으리라 생각하며 결혼을 결심했다. 돌이켜보면 그때까지만 해도 두 사람은 어린아이에 불과했다. 그들에게 결혼은 화려하면서도 우아함을 잃지 않는 결혼식 풍경과 둘만의 환상적인 신혼여행, 바로 거기에 멈춰 있었다. 그 이외의 것들은 생각하고 싶지도, 생각할 필요도 없었다. 현실도 그렇다면 얼마나 좋겠는가. 행복해 보이는 결혼사진 속 모습 그대로 시간이 멈춰버린다면 모두가 영원히 행복할 것이고 이혼이란 이 세상에 없는 단어였겠지.

그러나 실은 결혼준비에 착수하자마자 문제가 생각보다 복잡함을 깨닫게 되었다. 결혼은 사랑으로만 이루어지는 것이 아님을, 그리고 개인과 개인의 약속이 아닌 두 가족의 만남이자 결합임을 절절히 느끼게 된 것이다. 처음에는 내 삶 속으로 한 사람이 들어올 자리만 마련하려 했는데 그것은 어리석은 생각이었다. 그가 혹은 그녀가 관계를 맺고 있는 가족, 친지, 게다가 친구들까지. 수없이 얽히고설킨 인간관계들이 내 삶 속으로 비집고 들어오려 한다. 거미줄처럼 복잡해진 관계 탓에 갈등은 언제 어디서 일어나도 이상치 않을 지경이다.

결혼준비에 낭만은 없다. 혼수와 예단은 날 선 현실이다. 두 사람의 각기 다른 취향을 맞추는 일만도 힘에 겨운데, 부모의 안목과 취향까지 고려하자니 머리가 깨질 지경이다. 게다가 상견례를 하는 순간부터는 양가의 보이지 않는 줄다리기까지 시작된다. 또 집을 사기는커녕 전셋집 얻기도 빡빡한 현실에 숨이 턱 끝까지 차오른다.

그래도 위기상황에 잘 대처한 덕에 드디어 무사히 결혼할 수 있다. '시집가서 석 달, 장가가서 석 달 같으면 이혼할 사람 하나 없다'는 속담대로 신혼생활 중에는 행복했다. 하지만 두 사람 사이를 급속히 냉각시키는 사건들은 언제고 발생한다. 결혼은 해야 할 일들이 연속적으로 이어지는, 기대한 사건의 집합소다. 내 한 몸 앞가림만 잘하고 살던 날들은 천상의 나날이었다. 기침 한 번에 나를 걱정해주던 부모는 멀리 있고, 이제는 내가 새로운 가족 구성원들의 기침소리를 더 걱정해야 하는 상황에 놓이게 되었다. 결혼을 결정한 순간부터 이런 일은 이미 결정된 것이었다.

이런 것이 가정을 꾸린다는 것이며 책임을 진다는 것임을 깨닫지만 이따금씩 그 무게가 버겁게 느껴질 때가 있다. 그것은 배우자의 가족으로 인한 것일 수도 있고, 배우자 자체의 문제일 수도 있으며, 자신보다 남이 먼저 변하기를 바라는 나의 옹졸함 때문일 수도 있다. 결국 두 사람 사이의 온도는 급격히 차가워지고, 내 삶에서 배우자의 흔적을 송두리째 없애버리고 싶은 순간은 언제고 찾아온다. 저 사람은 왜 내 삶에 끼어들어 나의 육체와 정신을 피폐해지게 만드는가, 너만 아니었다면 나는 더 좋은 사람을 만나서 혹은 혼자서라도 더 잘 먹고 잘 살았을 텐데. 단 한순간! 외로움의 위협을 당해내지 못하고 덜컥 결혼을 선택해버린 내 발등을 찍고 싶다는 생각을 하다 보면 어느새 나 자신은 한없이 불쌍하고 나약한 피해자로 전락해 있다.

바로 그 때문일 것이다. 언제부턴가 상당수의 젊은이들이 결혼을 반드시 할 필요는 없다고 생각하게 된 이유 말이다. 누군가에게 얽매이기보다는 혼자서 자유로운 삶을 살겠다고 선택한 것이다. 이는 자유를 본인 삶의 우선순위로 꼽는 인생관 때문일 수도 있겠으나, 주위 사람들의 '얼어붙은' 결혼 생활에 지레 질려버렸거나 골치 아픈 책임들을 회피하고 싶은 탓일 수도 있다. 자유로운 삶의 이면에는 외로움이 존재하기 마련인데, 호환마마보다 더 무섭다는 외로움보다 더 끔찍하게 무서운 무엇인가가 결혼제도 뒤에 모습을 감추고 있기 때문일 것이다.

하지만 모든 일은 생각하기 나름인 법!

결혼생활은 빼기가 아닌 보태기의 연속이다. 배우자를 보태고, 배우자의 가족을 보태고, 배우자의 친구를 내 삶에 보탠다. 또한 부모 입장에서는 며느리와 사위를 보태고, 그들의 가족을 내 삶에 보탠다.

보태다
모자라는 것을 더하여 채우다.

보탠다는 것은 모자라는 것에 무엇인가를 더 얹어 부족함을 없애는 것이다. 우리 모두는 완벽하지 않은, 어딘가 비어 있는 사람들이다. 그런데도 남의 작은 허물은 그냥 넘어가지 못하면서 나의 큰 부족함은 대부분 무시하며 살아간다. 그래서 부족하고 모자란 상대방을 내가 이해하고 넘어간다고 생각한다. 이런 생각들은 짜증을 불러오기 마련이고 부부 사이를 위태롭게 만든다.

특히나 부모는 내 자식이 완벽하다는 생각을 반드시 버려야만 한다. 우리 중 누구도 완벽하지 '못'하다. 그 단순한 진리를 외면한 채 모자람 없는 내 자식에 비해 며느리나 사위는 한참 부족하다 생각하면 거기서부터 불행이 시작된다. 시선은 곱지 않고 잔소리는 많아진다. 그러한 행동들은 결국 자식 내외의 싸움의 원인이 되고, 심할 경우 이혼으로까지 이어지게 된다.

그러니 결혼을 생각할 때 가장 먼저 준비해야 할 혼수품목은 나 자신이 부족하다는 마음가짐이 아닐까. 그리고 배우자가, 며느리가, 사위가, 그리고 그 가족들이 보태어짐으로써 모자람이 사라지고 한결 완벽한 가족이 되었다는 긍정적인 마음을 갖는다면 모두가 편해질 수 있으리라.

보태다
이미 있던 것에 더하여 많아지게 하다.

원래 결혼은 가정을 만들어 행복하게 사는 것보다 자손을 번식하는 것에 주목적이 있었다. 결혼을 하여 낳은 아이는 나와 조상이 남긴 것을 물려주는 데 가장 적합한 존재로 그 정통성을 인정받게 되었다. 하지만 자식이라는 존재의 의미가 어디 그것만으로 설명이 다 되기나 하겠는가.

사이가 좋지 않았던 부부라 할지라도 그 사이에 아이가 생김으로써 관계가 개선되는 경우는 많다. 특히 둘만 있을 때는 말없이 갈등관계가 지속되는 경우가 잦지만, 아이가 생기면 말없이 지내기가 어려워진다. 아이의 방귀 소리 한 번에도 웃음이 터져 나오는 일이 다반사인데 어찌 인상을 찌푸린 채로만 살아갈 수 있겠는가. 살아가는 동안 내 아이를 만나는 일처럼 가슴 벅차고 행복한 일을 또 어디서 찾을 수 있단 말인가.

이렇게 해서 결혼은 모자란 점이 많은 내게 배우자와 그 가족을 보태면서 한결 여유롭고 넉넉해진 삶을 살 수 있도록 기반을 마련해주었다. 거기에 아이를 더하니 모자람은 사라지고 완전함의 모양새는 더욱 그럴 듯해졌다.

정말이지 모든 일은 생각하기 나름이다. 때로는 배우자와 그의 가족, 그리고 아이가 나의 자유와 권리를 빼앗아 가고 무한한 책임만 남겨두었다는 생각이 들 수도 있다. 하기야 인생의 온도가 낮아질 때는 무슨 생각인들 못 하겠는가. 하지만 짱구가 말했듯, 꽁꽁 얼었던 얼음이 녹는 것도 삶의 이치다. 그들이 내게서 빼앗아간 것들 말고 그들 덕에 내게 채워진 것들을 생각해보면 어떻겠는가. 어쩌면 내게 보태어진 것들이 얼마나 많은지 미처 깨닫지 못하고 있는지도 모를 일이다.

빨다

오스트리아의 유명한 정신과 의사이자 철학자, 정신분석학
의 창시자인 지그문트 프로이트^{Sigmund Freud}는 리비도, 즉 인간
의 근원적 욕망이 이동함에 따라 쾌감을 추구하는 신체 부분
또는 방법이 달라진다고 했다. 이러한 변화를 그는 심리성적
발달단계로 구분하고, 각각을 구강기, 항문기, 남근기, 잠복기,
성욕기, 이렇게 다섯 단계로 명명했다.

그중 구강기는 0세에서 2세에 나타난다. 이 시기의 입은 두
가지 형태의 행동을 한다. 먹고 마시고 빠는 흡입행동과 깨물
고 뱉어내는 배출행동이 그것인데, 아이에 따라 흡입행동에 집
착하기도 하고 배출행동에 집착하기도 한다. 그런데 흡입행동

에 집착하는 아이는 식사, 흡연, 음주, 키스 등에 관심이 많고 낙천적이고 의존적인 성격으로 성장한다고 한다. 반면 배출행동에 집착하는 아이는 이가 나기 시작하면서 깨물고 뱉는 등 입에 의한 공격적 행동을 드러내고 더 나아가 적대적, 냉소적, 비관적이고 남을 통제하려는 성격으로 성장한다고 한다.

프로이트의 말처럼 성장의 자연스러운 과정이든 아니든 아무튼 아기는 이것저것 참 잘도 빤다. 엄지손가락, 장난감, 이불, 옷, 의자, 책상, 가리는 것도 없다. 그중에서도 세상에 나와 제일 처음으로 빠는 게 있다. 바로 어머니의 것이다.

험난한 길을 뚫고 드디어 세상에 나왔건만 눈이 보이지 않으니 갑갑하기만 하다. 게다가 누군지는 모르지만 엉덩이를 찰싹찰싹 때린다. 안 그래도 힘들었는데 맞아서 아프기까지 하다. 서럽기도 하고 화도 난다. 악을 악을 쓰며 울어댄다. 그런데 문득 따뜻하고 폭신한 누군가에게 안기고, 다음 순간 말캉말캉한 것이 입속으로 쏙 들어온다. 본능처럼, 저도 모르게 힘껏 빨아 당긴다. 밍밍하면서도 꽤나 달큰한 액체가 입속으로 흘러 들어온다. 아늑함에 포만감까지 드니 무척이나 만족스럽다. 세상에 나올 만했다는 미소가 아기 입가에 보일 듯 말 듯 퍼진다.

'빨다'는 아기가 태어나 제 스스로 한 행동이다. 길고 긴 질을 뚫고 나왔으나 엄마의 수축운동에 어느 정도는 밀려 나왔다는 게 맞고, 울기도 했으나 그야 맞아 운 것이니 말이다. 게다가 첫 자유의지에 의한 행동에 포만감이라는 보너스까지 획득했다. 빨았더니 보상이 주어진 것이다. '아, 이거 괜찮은데?'라는 생각이 절로 들겠다. 손에 닥치는 대로 빨아대는 것이 아주 이해 못 할 일도 아니지 싶다. 아기는 행복하다. 엄마의 따듯한 젖도 좋고, 젖 냄새가 나는 이불도 좋고, 맨들맨들한 장난감의 감촉도 좋다. 온갖 잡다한 세균의 온상이라는 것을 생각하면 엄마 입장에서는 미치고 팔짝 뛸 노릇이기는 하지만 말이다.

그런데 엄마 젖을 떼고, 손을 빨지도 않지만 우리는 여전히 빨고 있다. 거른 아침식사, 길어진 공복, 점심시간만 되면 참을 수 없이 밀려오는 허기를 쥐어 잡고 행여 자리라도 없을까 싶어 맛집으로 향하는 발걸음은 언제나 바쁘다. 다행으로 자리를 잡고 앉았지만 구석자리까지 들어찬 손님들 덕에 음식이 나오려면 아직 멀었다. 한참 맛있게 먹고 있는 옆 테이블을 물끄러미 바라보다 저도 모르게 애꿎은 숟가락을 빤다. 초조함 때문이다. 마침내 음식이 나오고 한 숟갈 듬뿍 퍼서 입으로 가져온다. 그러고는 다시 한 번 숟가락을 빤다. 이번에는 만족에 겨워서다.

더운 여름 잘 먹고 나왔으니 입도 개운해질 겸 커피 한 잔을 산다. 보기만 해도 시원한 얼음이 가득한 잔에 진한 커피가 두루루, 퍼진 아이스커피 위로 꽂힌 빨대로 한 모금 깊게 빤다. 사실 아이스커피를 컵째 벌컥벌컥 들이키는 사람은 많지 않다. 감칠나게 입안에 퍼지는 커피의 여운을 즐길 수도 있고, 여자 입장에서는 컵에 민망한 자국을 남길 일도 없으니 그야말로 일석이조다.

흡연자라면 한 코스를 더 지나야 한다. 바로 담배. 담배를 빠는 동시에 쌓여 있던 스트레스를 내뱉는다. 군이 스트레스가 쌓여야만 피우는 것도 아니다. 그서 습관이다. 하지만 별것도 아닌 이것을 해야만 그제야 식사를 제대로 한 기분이 든다. 빤다는 그 행위만으로 알게 모르게 만족과 행복을 느끼고 있는 것이다. 담뱃값을 5천 원, 1만 원으로 올린다는 정부의 공갈이나 좁아만 가는 흡연장소에의 불편함 따위에 아랑곳없는 이유가 바로 여기에 있지 않을까.

그런데 일하는 부모를 가진 아이들의 경우, 일찍 부모와의 분리로 분리불안을 갖게 된 아이들의 경우 지나치게 빠는 것에 집착한다. 손가락을 빨고, 손톱을 빤다. 더 나아가 손톱을 물어뜯는다. 어른이 되고 가정을 꾸렸으면서도, 그 습관이 좋지 않다는 것을 알면서도 여전히 물어뜯는다.

어린 시절 피가 나는 것도 모르고 손톱을 물어뜯는 친구가 있었다. 수업 중에도 한 손은 여지없이 그 애 입속에 있었다. 시험을 볼 때는 물론이고 책을 볼 때도 마찬가지였다. 심지어 친구들과 어울려 이야기를 들을 때도 그랬다. 그래서 그 애 손톱은 다른 애들에 비해 반 토막밖에 되지 않았다. 자랄 사이 없이 물어뜯은 탓이었다. 그 애도 자신의 못난 손톱을 모르는 것은 아니었다. 항상 손을 앞으로 자신 있게 내어본 적이 없었으니까. 외지에서 장사하시는 부모님 때문에 할머니, 할아버지와 살았던 그 애, 그때는 이해하지 못했다. 왜 그러냐고, 타박도 많이 줬다. 왜 그러냐고, 더럽다고. 하지만 지금 생각해보면 그 애 마음속에 자리한, 그 애도 모르는 외로움 때문이 아니었을까 싶다.

지금도 난 사람들의 손을 들여다본다. 그러다 문득 어린 시절 그 애처럼 뭉뚝하고 못생긴 손톱이라도 볼라치면 그때 보듬어줄걸, 저 손을 따뜻하게 잡아줄걸, 하는 미안한 마음이 먼저 한 자리를 차지한다. 그리고 시원한 아이스커피 한잔을 함께 하고 싶다. 마음 허기를 이기지 못한 어쩔 수 없는 빨기가 아니라 마음을 넉넉하게 채워줄 소소한 행복을 찾기 위한 빨기를 함께 함께 나누고 싶다.

안쓰럽다

몇 닌 전 내학병원 임 병동에서 보았던 일이다. 반복되는 항암치료 때문에 심신이 지쳤을 텐데도 항상 웃음을 잃지 않던 60대 아주머니가 있었다. 긍정적으로 살자며 우스갯소리를 잘하곤 했는데, 하루는 몸 상태가 몹시 나빴는지 남편에게 발을 좀 주물러달라고 부탁했다. 남편은 두어 번의 부탁이 거듭된 뒤에야 어쩔 수 없다는 듯 가방 속에서 주섬주섬 무언가를 꺼냈다. 놀랍게도 그가 꺼내 든 것은 일회용 비닐장갑이었다. 설마, 했는데 남편은 느린 동작으로 비닐장갑을 양손에 끼더니 그보다 더 느리게 아내의 발을 주무르는 게 아닌가.

사람들이 많은 6인용 병실에서, 비닐장갑을 낀 남편에게 발을 내맡긴 아주머니의 서러움을 누가 알 수 있을까. 그렇게는 필요 없다고 비닐장갑 낀 손을 발로 차버릴 법도 한데 아려오는 발바닥을 내맡길 수밖에 없는 아주머니의 고통을 누가 짐작이나 할 수 있을까. 문득문득 그 장면이 떠오를 때마다 가슴이 먹먹해진다. 그리고 그날 이후 내가 알고 있는 부부라는 단어 옆에는 '안쓰럽다'는 말이 크게 자리하게 되었다.

아내의 거친 발을 주무르다 보니 안쓰러운 마음이 들었다.
남편의 딱딱해진 어깨를 주무르다 보니 불쌍한 마음이 들었다.

위의 두 문장 모두 상대방의 처지를 가엾게 여기고 애처로워 하는 감정을 담고 있다. 그런데 '처지가 안 되고 애처롭다'는 의미의 '불쌍하다'보다는 '안쓰럽다'는 말에 물기가 더 스며 있다.

손아랫사람이나 약자의 딱한 형편이 마음에 언짢고 가엾다.

'안쓰럽다'의 뜻을 풀면 이러하다. 여기서 시선을 둘 곳은 '약자'다. 그것은 결코 권력의 유무나 계급의 상하를 의미하지 않는다. '안쓰럽다' 속의 '약자'는 힘없이 약하고 서툰 모습을 한 내 배우자의 모습과 닮아 있다.

배우자의 흰머리나 굽은 등, 무릎이 튀어나온 바지나 닳아 빠진 셔츠 소매를 볼 때 어떤 생각을 하게 되는가. 한밤중에 터져 나오는 배우자의 기침소리에 어떤 말이 먼저 튀어나오는가. 이제는 늙고 힘이 빠진 데다 자기관리도 제대로 하지 못해 함께하기 싫다는 마음이 먼저 드는가. 아니면 힘겨운 인생 열심히 살아가느라 늙고 지친 배우자를 감싸 안아주고 싶은가.

이상한 일이다. 한때는 미친 듯이 사랑했는데……, 그때는 그 사람만 있으면 세상을 다 얻은 듯 행복했다. 집안이 반대를 무릅쓰고 결혼한 사람들은 더 지열하게, 더 격정적으로 사랑했다. 그래서 그 무엇을 주어도 아깝지 않았고, 어딘지 모자라 보이는 모습마저도 사랑스러웠으며, 상대가 원치 않아도 내가 해줄 수 있는 일을 먼저 찾았다. 그렇게 시간이 흘러갔다.

그 사이 대체 무슨 일이 일어난 걸까. 이제는 그때의 감정이 잘 기억나지 않는다. 사랑하기보다는 그저 살아가고 있다. 평생 단단할 것만 같던 우리의 사랑은 해파리처럼 흐느적거린다. 지금은 그 무엇을 주어도 아깝고 어딘지 모자라 보이는 모습은 짜증스럽기만 하다. 나와 당신의 작은 입에서는 끊임없이 불만이 쏟아져 나와 강을 이루고 바다를 만들었다.

중년기를 거치는 동안 집집마다 시한폭탄이 생겨났다. 낡고 오래된 시한폭탄은 금방이라도 터질 듯 위태롭다. 두 사람 사이에 도돌이표가 있는지 다툼은 대부분 같은 문제로 일어난다. 너무 게으르고, 지저분하고, 술주정을 부리고, 담배를 끊지 못하고, 각종 성인병을 달고 살면서도 몸관리를 안 하고, 아이들을 잘 챙기지 못하고, 불륜을 저지르고, 상의도 없이 회사를 그만두고……. 매일같이 같은 문제로 부딪치지만 해결책은 없다. 그 자리만 맴돌거나 한없이 아래로 아래로 가라앉아 버리기 일쑤다. 상대방은 나를 좀 봐달라고, 내 말을 들어달라고 소리치지만, 배우자가 어떤 문제로 고통 받는지 진심으로 알고 싶어 하지 않는 눈치다. 그 순간만큼은 눈과 귀가 완전히 막혀 버린 듯하다. 내가 바뀌기보다는 배우자가 먼저 바뀌기를 바란다. 내 문제를 인정하기보다는 배우자가 그 문제 자체를 포기하기를 바라는 것이다. 이런 식의 다툼은 성격차이라는 이름으로 굳건히 자리매김했다. 이제 끝이 없는 줄다리기는 일상이 되어버렸을 수도 있다.

아주 짧은 시간 동안 너무나 엄청난 일들이 내게 닥치는 바람에 불면증에 시달릴 정도로 괴로운 날들을 보낸 일이 있었다. 그러한 내 사정을 털어놓자 친구 하나가 이렇게 말했다.

"너만 그러니?"

그 순간 온몸에 힘이 쫙 빠지고 머릿속이 하얘졌다. '친구라고 고민을 털어놓은 내가 바보였구나. 차라리 아무 말도 하지 말 것을' 하는 후회 때문에 그날도 뜬눈으로 밤을 새웠다.

만약 그때

"얼마나 힘들었을까!"

이 말 한 마디만 들었더라면 나는 내 고민들이 잠시 내 어깨에서 내려와 헛기침을 하며 딴청을 피웠을지도 모른다는 생각을 했다. 삶이 고달플 때 주위 사람들에게 원하는 것은 대단한 해결책이 아니다. 그저 내 상황을 이해하고, 나를 '불쌍하게' 바라보기보다는 진심으로 '안쓰럽게' 바라봐 주기를 바라는 것이다.

타인에게도 그러한데 배우자에게는 오죽할까. 그러니 정말 시한폭탄을 터트리고 싶지 않다면 잠시만이라도, 단 한 번만이라도 배우자의 입장에서 생각해보는 시간을 갖는 것은 어떨까.

무엇보다 배우자가 겪을지도 모르는 상실감에 가장 주목해야 한다. 그것은 가장으로서의 지위를 뒤흔들고 가정의 안정을 위협하는 직업에 관련된 일이다. 50대 이상 중 · 장년층은 실직에 대한 두려움 지수가 가장 높다. 갑작스런 실직에서 오는 스트레스는 상상을 초월한다. 당장에 수입이 없어지면 경제적인 문제와 더불어 자아마저 흔들리게 된다. 젊지도 늙지도 않은 나이라 새로운 직장을 구할 기회도 많지 않다. 만약 직장을 구한다 하더라도 근무조건이나 급여가 이전 직장보다 못할 확률도 높다. 직장에서 느끼는 위기감을 털어놓지 않는다고 해서 그에게 두려움이 없다는 말은 아니다. 어쩌면 너무 두려워서 말하지 못하고 있을지도 모른다. 그래서 두렵다 말하기보다 술을 통해서, 폭력적인 행동을 통해서 답답함을 드러내기도 한다. 이것은 분명 잘못된 방법이지만, 갑작스럽게 배우자의 행동이 변했다고 한다면 당장 이혼하자고 덤벼들기보다는 배우자의 내면에 자리한 두려움이 무엇인지 안쓰러운 시선으로 바라봐 줄 필요가 있다.

중년을 지나는 동안 원치 않는 신체적인 변화도 발생한다. 남성의 경우 남성호르몬인 테스토스테론이 약화되고 여성호르몬인 에스트로겐이 활성화된다. 여성의 경우는 그 반대다. 전에는 남성답고 대범했던 남편이 속 좁은 행동을 하고 작은 일에도 예민하게 반응한다면, 전에는 조신하고 부드러웠던 아내가 괄괄하고 대범하며 창피함을 모르는 사람으로 변했다면 그때는 배우자의 변화를 비난하고 욕하기보다 그 배후에 있는 호르몬 문제를 적극적으로 해결하려 애쓰는 게 낫다. 특히 여자의 호르몬 문제는 많이 대중화되어 있지만 남자는 굳이 그 문제를 드러내려 하지 않는 경향이 있기 때문에 이 문제를 수면 위로 끌어올리는 기술이 필요하다. 서로의 감정이 상하지 않는 선에서, 신체의 변화를 자연스럽게 받아들이도록 해야 한다. 치료를 통해 개선이 가능하다면 함께 병원을 다니는 노력도 필요하고, 취미를 공유하려는 시도도 필요하다.

또한 배우자가 삶의 권태감 속에서 허덕이고 있지는 않은지 살펴볼 필요가 있다. 걱정거리가 없으니 별 희한한 고민을 다 한다고 무조건 손가락질부터 할 일은 아니다. 누구에게나 권태감은 찾아오기 마련이다. 한순간에 덮쳐 오는 감정의 소용돌이를 이겨내지 못하고 우울증에 빠지는 일은 생각보다 흔하다. 그럼에도 불구하고 눈에 보이는 외상이 아니라는 이유로, 이해할 수 없다는 이유로 방치하다 보면 제자리로 돌아오기까지 너무 오랜 시간이 걸릴지도, 아니면 영영 돌아오지 못할지도 모른다. 그렇다 하더라도 그 틈을 타 한순간의 바람기를 주체하지 못해 불륜을 저지르고는 그 책임을 소통을 거부한 배우자에게 뒤집어씌우는 것처럼 비겁한 행동은 없다. 게다가 마치 신성한 사랑이라도 찾은 양 불륜을 치장하다가 실패한 후 당당하게 가정으로 돌아와 자신을 받아주기를 바라는 것은 뻔뻔함의 극치가 아니고 무엇일까.

무엇보다 이 시기의 부부들은 자녀에게 많은 시간과 노력과 돈을 투자하느라 삶의 여유가 없었다. 그러다 자녀들이 성장해 자신의 삶을 찾아 떠나버리고 나면 가정에는 텅 빈 둥지만 남는다. 바로 그때 마음속 쓸쓸함을 달래줄 사람은 부부밖에 없다. 자녀들의 독립을 축하하면서도 그들을 보낸 섭섭함을 달랠 길이 없을 때 그 헛헛함을 진심으로 공감하고 안쓰럽게 바라봐 줄 사람은 배우자뿐이다.

이제 진심을 다해 이야기할 사람도, 이야기를 들어줄 사람도, 아플 때 약을 사다 줄 사람도, 아이들과의 추억을 이야기할 사람도 배우자뿐이다. 나의 거칠어진 발뒤꿈치를 안쓰럽게 쓰다듬어 줄 사람은 내 부모와 배우자 말고는 없다. 내 배우자의 굽은 등을 안쓰럽게 매만져 줄 사람도 그의 부모와 배우자인 나 말고는 없다.

15분

15분
잠깐 동안의 낮잠으로 피로를 풀 수 있는 시간.

900초
위기의 결혼생활로부터 가족 전체를 구해낼 수 있는 골든타임.

결혼을 가장 명확하고 단순하게 정의한 단어는 관계가 아닐까. 결혼과 동시에 나라는 존재는 복잡하게 얽힌 관계더미 앞에 맨몸뚱이 채로 내던져진다. 그것이 나와 배우자의 관계로만 그친다면 문제의 범위는 무척 좁았을 것이다. 하지만 나의 가족과 배우자의 가족으로 범위가 넓혀지다 보면 문제의 골은 상상 이상으로 깊고 넓게 패일 수밖에 없다. 그리고 그 골짜기의 소용돌이 속으로 발을 헛딛는 순간 결혼 생활은 무시무시한 지옥으로 변해버리고 만다.

결혼을 준비하면서부터, 특히나 결혼 초기 관계에서 오는 위기와 갈등 상황을 겪지 않은 사람은 없다. 나와 배우자, 둘만 좋다면 지금의 행복이 영원할 거라 믿고 싶지만 결혼생활은 그리 녹록지 않다. 평생 굳건할 것만 같던 사랑은 자취를 감추고, 결혼은 절대 하지 말았어야 할 후회의 대명사가 되며, 나의 행복은 산산이 부서져 영원히 내게 돌아오지 않을 것만 같은 두려움에 시달리기도 한다.

관계의 파국을 몰고 오는 가장 대표적인 원인은 고부갈등이다. 특히 우리나라와 같은 부계사회는 태생적으로 고부갈등이 일어날 수밖에 없는 구조다. 며느리를 미워하는 시어머니 자신도 며느리의 입장을 경험했다. 불합리한 대우에 눈물을 삼킨 적이 많았다. 하지만 자신의 아들이자 며느리의 남편인 한 명의 남자, 즉 떠오르는 권력을 사이에 두고 질투와 시기를 하느라 자신의 과거와 현재를 돌아볼 여유가 없다. 그뿐인가. 부엌이라는 상징적인 공간에 여자가 둘이니 곳간열쇠로 대표되는 경제권에 대한 신경전은 치열하다 못해 피가 튀길 지경이다. 두 여자의 보이지 않은 힘겨루기는 누가 더 오랫동안 더 강하게 권력을 쥘 것인지에 대한 해답을 찾을 때까지 계속된다.

태양이 뜨겁게 내리쬐는 한여름 산기슭에 수줍게 피어난 붉은 보랏빛의 꽃, 그 이름도 희한한 며느리밥풀꽃에 얽힌 설화는 고부갈등이 불러온 파국을 여실히 보여주는 예다.

옛날 어느 마을에 시집살이를 혹독하게 당하는 며느리가 살았다. 시어머니는 하루 종일 며느리를 감시하고 구박하며 못살게 굴었다. 며느리는 밥도 부엌 한구석에서 바가지에 담아 먹어야 할 정도로 인간대접을 받지 못했다. 그러던 어느 날 며느리가 밥 먹는 모습을 본 시어머니는 "감히 네 년이 음식에 손을 내?"라고 호통 치며 며느리를 세게 내리쳤다. 그 충격에 며느리는 부엌 모서리에 머리를 박아 죽고 말았다. 며느리의 영혼을 기엾이 여긴 옥황상제는 못된 시어머니를 지옥으로 보내고 며느리를 꽃으로 만들어 세상에 뿌려주었다. 그런데 입술 모양의 꽃 사이로 밥알 모양의 꽃술이 나온 모습이 정말 억울하게 죽은 며느리의 모습을 닮았다 하여 그 꽃은 며느리밥풀꽃이라는 이름으로 불리게 되었다.

그 옛날, 밥은 권력이었다. 고부관계에서 절대적인 약자인 며느리가 절대적인 강자인 시어머니의 허락도 없이 밥을 먹는 행위는 절대권력에 반하는 행동이었다. 물론 그것이 목숨과 맞바꿀 정도로 대단한 것이냐, 하는 물음에는 결코 그렇다고 답할 수 없다. 다만 다소 과장되어 보이기는 하지만, 시어머니의 권력과 권위의식, 며느리에 대한 무조건적인 미움을 집약적으로 보여주는 데 이만한 이야기도 없다는 것만은 확실한 듯싶다.

사실 고려시대까지만 해도 여성의 지위는 상당히 높은 수준이었다. 우리에게 익숙한 조선시대의 문화와는 비교할 수 없을 정도였다. 혼인의 형태도 일부일처제였으며, 상속도 남녀가 균등히 분배 받는 구조였다. 또 남자가 혼례를 치르고 자녀를 낳을 때까지 처갓집에서 살다가 그 이후에 본가로 돌아가는 남귀여가혼男歸女家婚이 흔했다. 게다가 남녀가 자유로이 연애하고 결혼하는 것이 허락된 사회였다. 〈쌍화점〉이나 〈만전춘〉 등의 고려가요를 보면 너무나 관능적이고 감각적이며 때로는 음탕하기까지 해서 이것이 과연 수백 년 전에 쓰인 작품이 맞나 싶을 정도다. 이런 노래들은 당시 사회 분위기가 얼마나 개방적이었나를 간접적으로 알 수 있게 하는 단서를 제공한다.

놀랍게도 고려시대에는 여자 쪽에서 먼저 이혼을 요구할 수 있었으며, 이혼을 한다고 해도 자신의 재산을 소유할 수 있는데다 언제든지 친정으로 돌아갈 수 있었다. 남편이 죽으면 그를 따라 죽어야 열녀가 되어 칭송을 받고, 한번 결혼을 하면 그집 귀신이 되어야 한다는 조선시대의 사고방식과는 차이가 매우 컸다. 심지어 고려 26대 왕이었던 충선왕은 평양공과 사별

하고 3남4녀의 자녀를 둔 순비 허씨를 아내로 받아들이기까지 했다. 이처럼 고려시대 여성의 인권과 목소리는 상당히 높은 수준에 있었고, 이러한 분위기는 조선 전기까지도 이어졌다.

조선 전기만 해도 성별의 구분 없이 형제가 순서대로 제사를 맡아 지낼 수 있었고, 재산도 균등하게 분배했으며, 처가에서 거주하는 것도 일반적이었다. 며느리가 시어머니와 함께 살지 않았기 때문에 고부갈등도 심하지 않았으며, 며느리는 남편이 죽은 후에 제사를 주재할 수 있는 권한까지 가졌다.

역사학자 김윤정은 고부갈등이 바로 이 제사 주재권 때문에 비롯하게 되었다는 견해를 제시했다. 일거리만 많은 제사를 누가 지내는가가 왜 중요할까 싶지만 실은 그 안에 재산상속 권한이 포함되어 있었다. 그러니까 제사 주재권은 한 가정의 권력, 즉 경제권을 쥐기 위한 숨 막히는 다툼의 시작점이었던 것이다. 시어머니는 맏며느리가 맏아들의 아내로서 누릴 수 있었던 총부권을 박탈하려 애썼고, 그러기 위해서는 가부장적 종법질서가 확립되는 것이 중요했다. 조선 전기를 넘어가면서 나라의 근간인 성리학은 더욱 견고해졌고 남존여비사상을 바탕으로 가부장 사회는 공고히 확립되었다. 그리고 그에 따라 여자들의 권리와 목소리는 점점 힘을 잃어갔고, 며느리들이 시어머니의 지시와 명령에 복종해야 할 수밖에 없는 구조로 변질되어 갔다.

그런데 고부갈등은 비단 우리나라만의 문제는 아니다. 하버드 메디컬 스쿨 연구팀에 따르면 미국 여성에 비해 심장질환 환자의 숫자가 적은 일본 여성들도 시어머니와 생활을 함께 했을 경우 심장마비에 걸릴 가능성이 세 배나 늘어난다고 한다. 또 서양에서도 여성의 전통적인 역할이나 가사일, 육아에 대한 입장차가 달라서 갈등이 자주 발생한다. '시금치의 시자도 싫다'는 우리 속담처럼 에스파냐에도 '시어머니는 설탕으로 만들어졌어도 쓰다'는 속담이 있다. 서양의 며느리들도 시어머니가 아들에게 필요 이상으로 집착하는 모습을 보이거나 아들 부부의 관계를 질투하는 것처럼 보일 때 고부관계를 상당히 부담스러워 한다. 그래서 미국에서는 '시어머니Mother-In-Law'라는 단어가 명절만 지나면 'Monster-In-Law'로 바뀐다는 우스갯소리가 있다. 반면 시어머니의 입장에서는 아들 부부가 자신을 자꾸만 소외시키는 것처럼 느껴져 화가 나고 섭섭함을 견디기 힘들다고 한다.

가부장적인 분위기가 우리와 비슷한 북한에도 고부갈등은 존재한다. 특히 시어머니는 소위 출신성분이 좋지 않은 며느리가 집안에 들어오는 것을 매우 싫어한다. 시어머니의 모욕과 무시, 간섭에 시달리던 며느리가 시어머니에게서 멀리 떨어져 살고자 해도 거주 이전의 자유가 제한되어 있다 보니 그마저도 마음대로 하기 힘들다. 그래서 지긋지긋한 고부갈등에서 벗어나고자 철책선을 넘어 탈북을 한 며느리가 있다고 하니, 고부갈등이 군인들의 총부리보다도 더 무서운 것이긴 한가 보다. 정말이지 고부갈등은 정도의 차이가 있을 뿐 세상 곳곳에 아주 넓고 깊게 자리하고 있는 모양이다.

그런데 고부갈등이야 워낙 유구한 역사를 자랑하니 결혼생활의 위기를 초래하는 원인으로 가장 먼저 손꼽는다지만, 이제는 장서갈등도 그에 못지않게 중요한 이혼 사유로 떠오른다고 하니 그 속도 들여다볼 필요가 있겠다. 장서갈등은 35세 미만 연령대에서 가장 심각하나. 그 시기는 자녀나 재산문제가 복잡하게 얽히기 이전인 결혼 초기에 해당하므로 이혼을 결정하기 더 쉽다. 이혼을 선택한 남자들은 장모를 비롯한 처가 식구들의 지나친 간섭과 관심을 견디기 힘들다고 토로했다. 예전 같았으면 딸 가진 죄인이라고 사위에게나 사돈에게나 하고 싶은 말도 못 하며 가슴앓이를 해왔지만 현재 상황은 많이 달라졌다. 과거에 비해 딸들이 더 많은 관심과 애정을 받으며 자라왔고, 교육수준도 상당히 높아졌다. 그에 따라 사회활동을 하는 여성들이 늘었고 사회적 지위가 높아졌으며 자연히 경제적인 능력도 인정받게 되었다. 이런 상황 속에서 육아와 살림을 처갓집에 의존하는 비율은 자연스레 늘어나게 되었다. 부모 입장에서는 체력적으로 힘겹기만 하지만 딸의 사회활동을 지지하기 위해 손자를 보살피고 살림을 대신 맡아 해준다. 그러다 보니 딸과 사위의 살림살이나 생활습관까지 속속들이 알게 된다. 차라리 몰랐다면 그냥 넘어갔을 일을 하나둘 지적하고 넘어갈 수밖에 없는 상황들이 연속적으로 발생하게 되면서 사위는 장모의 눈치를 보게 되고, 때로는 궁지에 몰린 기분마저 들게 된다. 그리하여 백년손님이던 사위는 어느 순간 백년원수로 바뀌어버렸고, 자애롭기만 한 줄 알았던 장모님은 잔소리 대마왕으로 변해버렸다.

그런데 우리나라에서 고부갈등이나 장서갈등이 더욱 심한 원인은 집 때문이 아닐까 싶다. 20대 후반에서 30대 초반의 청년들이 가정을 이루려고 할 때 첫 번째로 앞을 가로막는 것이 바로 거주지 문제다. 한국의 집값은 세계 어디에 내놔도 남부럽지 않게 비싸고 전셋집 구하기도 녹록지 않다. 그 나이의 젊은이들에게는 수천만 원에서 수억 원이나 하는 돈을 지불할 경제적인 능력이 대부분 없다. 월세를 내자니 월급을 통째로 털어야 할 판이라 결정이 쉽지 않다. 아기자기하고 분위기 있는 신혼집을 꾸미고 싶은 마음은 굴뚝같은데 본인들의 능력만으로는 어림도 없는 일이니 눈은 자연스럽게 한군데로 향할 수밖에 없다.

부모들도 어떠한 방식으로든 자식의 집값을 보태려 애쓴다. 그런데 그러한 노력이 부모의 경제적 능력과는 상관없이 이루어질 때가 종종 있어서 자식 결혼시키다 본인들의 노후가 위험해지는 사례도 발생한다.

문제는 바로 여기서 시작된다. 부자건 가난하건 자식이 결혼하는데 경제적인 도움을 주는 것은 분명 기분 좋은 일이다. 하지만 노후자금까지 깨가며 자식 집 구하는 돈을 마련해줬더니 고마워하는 것은 그때뿐이고, 원래부터 제 돈이고 제 집이었던 것처럼 행동하는 자식 내외가 섭섭하지 않을 부모는 없다. 바로 그때 부모의 머릿속에 본전 생각을 알리는 알람이 울리기 시작한다.

'누구 덕에 그 좋은 집에서 살고 있는데?'

이 말은 부모와 자식 모두에게 족쇄가 된다. 서로의 관계가 좋을 때는 문제가 아니지만, 관계를 악화시킬 만한 사건이 발생했을 때는 그보다 무서운 말이 없다. 만약 부모가 경제적으로 도움을 준 일을 들먹이며 인격적인 모욕을 준다면 그 결혼은 오래 유지되기 힘들다. 돈이 유일무이한 권력이 되어버리면 어떠한 인간관계도 편안하기 힘들다.

실제 일어났던 일들이다. 집 안 청소를 마친 며느리가 개운하게 샤워를 마치고 알몸으로 나와 보니 바로 옆집에 사는 시아버지가 연락도 없이 집 안으로 들어와 냉장고 문을 열고 있더라는 이야기는 듣는 사람마저 혼비백산하게 만들었다. 시아버지 입장에서는 본인이 마련해준 집이니 내 집이나 마찬가지라는 생각으로 한 행동이겠지만, 며느리 입장에서는 결코 용납하기 어려운 일이다. 실제로 아무런 연락도 없이 문을 열고 들어오는 시부모 때문에 노이로제에 걸렸다는 사람들은 주변에 꽤 많다.

반면 걸어서 1분 거리에 사는 아들 내외를 챙겨주고 싶은 마음에 김치며 반찬이며 끊임없이 해다 날라도 맛있게 먹기는 고사하고 음식물 쓰레기통에 들어가 있는 것을 보았을 때 눈에서 불꽃이 튀기지 않을 부모는 없다. 그렇게 섭섭한 마음이 쌓이고 폭발하다 보면 가족이 서 있는 자리는 금이 가기 마련이다.

고부간이든 장서간이든, 관계에 빨간불이 켜졌다면 서로의 거리부터 점검하고 가늠할 필요가 있다. 가장 중요한 거리는 무엇보다도 마음의 거리다. 부모는 자식이 결혼하면 그 아이가 더 이상 나의 자식이 아니라 또 다른 가정의 구성원임을 인정하고 마음으로부터 독립시켜 줘야 한다. 결혼은 시켰으되 여전히 품안의 어린아이 대하듯 간섭하기 시작하면 관계는 틀어지기 마련이니까. 혹여 마음이 고통스럽거나 외로워진다면 그것은 자식이 아닌 배우자와 풀어 나가야 하는 것이 맞다. 실은 그것이 마음을 다치지 않는 가장 현명한 방법이다.

마음의 거리만으로 부족하다면 15분이라는 물리적 거리를 둘 필요가 있다. 부모와 자식의 집은 차로 15분을 이동하는 정도의 거리에 위치하는 것이 바람직하다고 한다. 서양에서도 부모 자식 간의 거리는 너무 가깝지도, 너무 멀지도 않은 적당한 거리가 좋다고 했다. 그것은 곧 뜨거운 물을 들고 갔을 때 적당히 식을 만한 거리, 즉 15분 정도 떨어진 거리를 말한다. 서로에게 화가 나서 따지러 갈 때, 따지고 올 때를 가정해보자. 너무 가까운 거리라면 당장 쫓아가 욱하는 마음을 여과 없이 쏟아낼 소지가 다분하다. 하지만 15분의 거리를 움직일 때 식는 것은 뜨거운 물만이 아니다. 오고 가는 도중에 어떻게 말을 할지 한 번 더 고민하게 될 것이고, 거칠게 뛰는 심장을 원래 상태로 되돌릴 수도 있을 것이며, 급작스럽게 방문할 것을 알려도 상대방이 준비하기에 충분한 시간일 것이다.

15분. 집을 구할 때 그 15분만큼의 거리를 유지하게 된다면 그것은 서로를 배려하고 이해하자는 암묵적인 약속이 되어줄 것이다. 그리고 그 15분은 위기로부터 결혼생활을 구해줄 골든타임이 되어줄 것이다.

러시Rush! 다가올 날을 향해

파릇한 젊음이 우대받는 세상이다. '내 나이는 70이지만 마음만은 청춘이다!'라고 목청껏 소리쳐 보지만, 사회는 '그래봤자 당신은 노인!'이라며 냉담한 반응을 보이곤 한다. 하지만 청춘만이 가장 행복한 시절이라고 누가 장담할 수 있을까. 늙었으니 뒷자리로 물러서 고개 숙여야 한다고 누가 강요할 수 있을까.

회전문

  말쑥한 정장 차림의 여자가 한 손에 테이크아웃 커피를 들고 회전문 안으로 빨려 들어가듯 사라진다. 회전문을 돌아 넓찍하고 세련된 로비로 들어선 여자는 바람에 헝클어진 머리칼을 손가락으로 빗어 올리며 짧은 한숨을 내쉰다. 엘리베이터를 기다리는 동안 같은 사무실 직원을 향해 가볍게 눈인사를 보낸다. 이렇게 또 하루가 시작된다.

  점심시간이 되자 여자는 기다란 지갑 하나만 손에 들고 동료들과 로비를 가로질러 나온다. 여자가 회전문을 돌아나가자 상쾌한 바람이 그녀를 맞이한다.

  회전문은 일반적으로 네 개의 문짝을 회전시켜 출입하는 문이다. 빌딩이나 호텔 같은 대형건물에는 어김없이 회전문이 설치되어 있다. 대형건물은 사람들의 출입이 빈번하기 때문에 온도유지에 신경을 써야만 한다. 쾌적한 온도의 실내공기가 문을 통해 외부로 유출되고 외부의 뜨겁거나 차가운 공기가 내부로 유입되는 일이 반복되면 기하급수적으로 증가하는 냉난방 비용을 감당할 방법이 없다.

회전문은 이 문제를 비교적 쉽게 해결해준다. 건물 입구에 회전문을 설치하면 외부와 내부에 벽이 존재하는 것과 같은 효과를 주어 기압차에 따른 공기의 유입을 막아준다. 일반문을 설치하는 것보다 에너지가 절약되는 것은 물론이요, 이중문을 만들지 않아도 되기 때문에 좁은 공간만으로도 출입구의 역할을 톡톡히 해낸다.

지금이야 회전문을 설치한 건물이 많지만, 한때는 백화점이나 호텔 같은 대형건물에서나 회전문을 볼 수 있었나. 그래서 회전문이 있는 건물로 출퇴근을 하게 되면 상당히 규모가 큰 회사에 다니는 것이라 생각했다.

지금 당신의 직장에는 회전문이 있는가. 당신의 첫 직장은 어땠는가. 입사원서를 손에 쥐고 진땀을 흘려가며 첫 직장을 구하러 다니던 때가 기억나는가. 대체 몇 번의 간절한 두드림 끝에 회전문을 열 수 있었는가. 어릴 때는 당연히 나는 서울대를 갈 거라고 생각했던 것처럼, 남들보다 좋은 직장을 얻을 수 있을 거라는 막연한 기대감을 갖고 있지는 않았는가. 드라마나 영화 속 주인공들이 모두 수십 층짜리 현대식 건물로 출퇴근을 하는 모습만 봐서 그런지 직장은 당연히 그런 곳으로 구해야 한다고 자연스럽게 생각해버리지 않았는가. 그러다 실은 서울대가 우리 동네 뒷동산이 아닌 에베레스트였던 것처럼 내가 원하던 직장도 히말라야 산맥의 일부라는 사실을 깨닫고 한동안 의기소침해 있지는 않았는가.

어렸을 때는 대학에만 가면 인생이 편해질 거라 생각했다. 그런데 막상 비싼 등록금을 내가며 대학을 다녔지만 이후의 삶은 더욱 고단하기만 하다. 직장을 구하는 일부터 쉽지가 않다. 역시나 삶은 고난의 연속이다. 몇 해 동안 들였던 등록금만큼 돈을 모으기 위해서는, 자식 뒷바라지하느라 허리가 휘어버린 부모님 효도관광 시켜드리려면 어떤 직장에서 얼마나 오랫동안 일을 해야 되는 걸까.

세계 경제가 휘청거린다고 호들갑이니 취업의 문은 좁아지고 하루하루 시간만 흘러간다. 나이 많은 신입사원은 잘 뽑아주지도 않는다는데 회전문 안으로 들어갈 기회는 날이 갈수록 줄어들고, 마음은 더 조급해진다. 급한 마음에 무턱대고 아무 곳이나 들어가고 보자는 마음도 생긴다. '나의 직장은 이런 곳이었으면 좋겠다'는 바람 따위는 소용없고, 목표는 오로지 어떠한 직장이든 내 자리를 갖는 것으로 변경되어 버렸다. 그러다 보니 나의 적성에 맞는 업무인지, 나에게 그 일을 할 수 있는 능력이 있는지, 회사는 믿을 수 있을 만큼 기반이 탄탄한지 등 정말 중요한 부분을 놓치고 일을 시작하는 우를 범하게 된다. '그래도 다른 곳보다는 연봉이 괜찮은 것 같아서'라는 말로 상황을 일단락 짓고 기분 좋게 새 옷을 사 입는다.

그런데 입사 첫날부터 문제가 발생하기 시작한다. 본인의 성향이나 전공과 너무 동떨어진 업무를 힘겹게 처리해내느라 온몸에 식은땀을 흘리는 상황이 생기는 것이다. 스스로 자신감 있게 일 처리를 할 수 있어야 주도적으로 업무를 맡을 수 있고 일에 대한 스트레스도 쌓이지 않을 텐데, 상황이 완전히 거꾸로 가버린 것이다.

실제 이런 경우는 많다. 컴퓨터라고는 인터넷밖에 할 줄 몰랐던 친구가 연봉 액수에 혹해서 컴퓨터 도사인 것처럼 입사 지원서를 작성했다가 덜컥 채용이 되어버렸다. 어떻게든 되겠지 하는 마음으로 출근했지만, 그는 채 일주일도 버티지 못하고 도망치듯 회사를 나와야만 했다. 주어진 업무에 자신이 없는 것은 물론이요, 누가 자기 이름만 불러도 심장이 덜컥 내려앉는 것만 같아 견딜 수가 없었기 때문이다.

당황스럽게도 신입사원들이 직장을 선택하는 첫째 기준은

연봉이지만, 직장을 퇴사할 때의 첫째 기준은 적성에 맞지 않는 업무라고 한다. 4년제 대학 졸업자가 첫 직장에서 3년 이상 근속하는 비율은 채 절반에도 미치지 못한다. 게다가 전공과 직업의 연계성이 높은 공학계나 의약계 정도를 제외하면 나머지는 전공과 무관한 직종에서 직업을 구하고 있는 현실이다. 절박한 심정으로 구한 직장이었을 텐데, 아쉬움이 남는 대목이다. 또다시 삶의 쓴맛을 한 번 더 본 느낌이다. 어차피 이렇게 될 거라면 무엇하러 그 많은 스트레스를 받아가며 대학을 가고 부모의 등골을 휘게 만들었을까. 어디 그뿐인가, 남자에 비해 여자들이 주요 일자리에 취업하는 비율은 상대적으로 낮기까지 하다. 전에 비해 여자들의 교육수준은 매우 높아졌으나 그것을 활용할 만한 무대는 좁기만 하니, 답답하고 억울한 마음까지 든다.

이렇게 길고 험한 기다림 끝에 드디어 회전문을 밀고 첫 직장에 발을 내딛는 순간을 맞이했다. 각자의 직장생활 중 가장 설렜던 순간을 꼽으라면 첫 번째 회전문을 힘차게 밀고 들어간 입사 첫날이 아니었을까. 나와 함께할 동기들도, 내가 걸어갈 길을 저만치 앞서간 상사들도 모두 눈물겹게 반가웠을지도 모르겠다. 첫 번째 월급을 받은 날엔 이유도 모르면서 부모님에게 빨간 내복을 사드리는 즐거움도 느꼈을 것이다.

여기서 잠시 빨간 내복의 비밀을 들여다보고 넘어가야겠다.

막상 사려고 보면 구하기도 힘든 빨간 내복은, 60~70년대 난방 사정이 좋지 못하던 시절 각광받던 인기품목이었다. 흰색 일색이던 속옷계에 혜성처럼 나타난 빨간 내복은 실은 염색기술의 한계로 인해 탄생했다. 다른 색보다는 빨간색을 염색하는 게 가장 쉬웠던 것이다. 아무튼 눈에 띄는 색깔 덕에 직장인이 된 자식에게 선물 받은 빨간 내복을 목욕탕에서 자랑하는 부모의 마음이 얼마나 자랑스럽고 기뻤을지는 두말할 필요도 없다.

'그리하여 이후로 돈 잘 벌고 오래오래 행복하게 살았답니다'로 상황이 끝난다면 정말 좋겠다. 그러나 입사 이후에는 또 다른 난관이 기다리고 있다. 대충 시간이나 때우다 급한 업무만 제때 처리하고 월급날만 기다리다가는 직장에서 도태되기 십상이기 때문이다. 원하는 직장을 얻기 위해 학력이나 인맥, 스펙을 쌓았던 것만큼 끊임없이 노력이 필요하다. 그것은 단순히 회사에서 가늘고 길게 살아남기 위함이나 초고속 승진을 위함만은 아니다. 현재의 자리가 자신의 최종 위치가 아니기에 나 자신을 위한 자기계발에 집중할 필요가 있는 것이다. 당장에는 말단사원에 불과하다 해도 자신의 꿈을 향해 능동적으로 움직일 줄 아는 사람이 되는 것은 매우 중요하다. 만약 영어가 부족하면 어떻게든 시간을 만들어서 영어공부를 해야 하고, 컴퓨터 운용능력이 모자라면 게임하는 시간을 줄여서라도 실력을 키워야 한다. 사람 관리가 힘들다면 명함 관리부터 체계적으로 해놓고, 상황에 맞춰 깔끔한 복장을 갖춰 입을 줄도 알아야 한다. 동료들과 관계가 좋지 않다면 먼저 인사를 건네는 습관을 들여야 하고, 상사가 못살게 군다 싶으면 충고해줘서 감사하다는 말을 진심으로 하는 것이 도움이 된다. 보고서 작성을 잘못했다고 훈계를 들었다면 다음에는 더 잘할 수 있다고 스스로 다독이는 것도 중요하다. 내게 화살을 들이대는 사람을 욕하느라 시간을 다 보내버리고 결국에는 자신감을 잃어버리는 것처럼 안타까운 일은 없다. 물론 결코 쉽지 않은 일이다. 어느 곳이나 싸이코 같은 상사가 존재하고, 독사 같은 동기가 숨을 쉬고, 도사견 같은 후배들이 치고 올라오기 때문이다. 낭상 책상을 뒤엎고 회사를 뛰쳐나오고 싶을 수도 있다. 하지만 그럴수록 직장생활에서 나 자신이 주체가 되려는 마음을 잃지 말아야 한다.

만약 온갖 노력을 다했는데도 과도한 스트레스로 죽을 것만 같다면, 그래서 짜증이 심해지고 주변 사람들과의 관계도 좋지 않다면, 나의 건강과 가족의 행복에 위기가 찾아온다면 내가 먼저 사표를 날리고 회사를 잘라버릴 수도 있어야 한다. 즉, 직장을 그만두는 주체 역시 나 자신이 되어야 하고 과감히 회전문을 박치고 나오는 것도 내가 되어야 한다는 말이다.

첫 직장이 마지막 직장이 되어야 할 필요는 없다. 어차피 평생직장이라는 개념은 사라진 지 오래다. 하지만 첫 직장을 구하고 유지하는 데 신중할 필요가 있다는 인생 선배들의 조언에는 귀를 기울일 필요가 있다. 첫 직장에서 쌓은 경력과 일정 시간 이상을 근무한 성실성은 다음 직장을 구할 때 본인의 가치를 인정받을 디딤돌이 되기 때문이다. 물론 회전문이 한 바퀴 도는 동안 마음을 가다듬고 다시 생각해볼 여지는 있다. 그런데 그 한 바퀴를 도는 동안, 아니 몇 십 바퀴를 도는 동안에도 죽을 만큼 불행하다면 그때는 진짜 문을 박차고 나오는 용기도 필요하다.

직장은 먹고사는 일과도, 자아를 실현하는 일과도, 가족들의 행복을 지켜주는 일과도 직접적으로 연관되어 있기에 더욱 그러하다. 때로는 회전문을 여는 일이 즐거울 수 있고, 때로는 고역일 수 있다. 내가 여는 문은 회전문이 아니라 지하의 쪽문일 수도 있다. 그러나 어떠한 상황에서도 변치 않는 진리는, 언제든지 일할 수 있다는 것은 참으로 감사하고 행복한 일이라는 점이다.

등기

　꿈속에서 조상님에게 집문서를 받은 사람이 있다. 그는 다음 날 눈을 뜨자마자 이불을 박차고 일어나 복권을 사러 달려 나갔다.

　꿈속에서 집문서를 도둑맞은 사람이 있다. 그는 자신의 재산과 지위에 심각한 문제가 발생할 것 같은 불안감에 며칠 동안 잠을 이루지 못했다.

　도대체 집문서라는 것이 얼마나 큰 의미를 가진 것이기에 꿈에서라도 이것을 손에 쥐면 일확천금을 얻으리라는 확신을 갖게 되는 걸까. 법의 기능이 약하고 집문서 하나면 집 처분이 가능했던 몇 십 년 전만 해도 땅문서나 집문서를 쥐고 부모 몰래, 친구 몰래 야반도주를 한 원수 같은 인간이 떵떵거리며 잘 살더라 하는 일들이 심심치 않게 발생했다. 농경사회에서 집 문서나 땅문서는 단순히 물질적 의미를 넘어 가족의 생명줄과도 같은 것이었다. 그러니 문서를 빼앗긴 사람은 목숨을 잃는 것 같은 고통을 고스란히 감내할 수밖에 없었다.

하지만 문서 하나만으로 부동산을 마음대로 팔아치울 수 있는 일은 문명이 급속도로 발달한 오늘날에는 일어나기 힘들다. 집문서나 땅문서는 요즘으로 치면 등기필증이다. 등기필증이란 법정 절차에 따라 부동산에 관한 권리관계가 적힌 등기가 완료되었음을 증명하는 서류다. 여기에는 매매나 증여, 상속 등의 등기원인과 등기를 마쳤다는 사항, 날짜, 등기소인 등이 찍혀 있다. 바로 이 등기필증을 가진 사람이 등기 목적물에 대한 권리가 있는 사람이며 그가 매매의 주체가 되어야 한다. 현재는 등기필증을 중심으로 한 다양한 법적 장치들이 나의 소중한 재산을 남이 마음대로 처분하지 못하도록 차단막을 쳐준다. 이러한 등기의 대상은 다양한데, 일반적으로 등기라고 할 때 부동산 등기법에 따른 토지 등기와 건물 등기를 먼저 떠올리게 된다.

그리고 보면 한국인들은 유독 부동산에 집착한다. 좁디좁은 땅덩어리에 수천만 명이 빽빽하게 모여 살다 보니 조금이라도 더 넓은 나만의 땅을 갖고 싶은 욕망이 본능적으로 생긴 모양이다. 게다가 서울을 중심으로 한 수도권에 전체 인구의 20퍼센트 이상이 밀집해 있으니 그 욕망은 더욱 커질 수밖에 없고, 때문에 집값은 하늘 높은 줄을 모르고 솟구치기만 해왔다. 만약 땅덩이의 70퍼센트가 산지가 아닌 평지였다면 이야기는 달라졌을까?

그런데 물리적인 환경만 가지고는 부동산에 대한 집착을 다 설명하기 힘들다. 도대체 한국인에게 집의 의미는 무엇일까. 내 이름으로 등기된 집을 갖고 있다는 것은 얼마나 큰 힘을 지니는 것일까. 나와 내 가족이 안락하게 살기 위한 울타리의 개념인가, 아니면 단순히 자산의 증식만을 의미하는 것인가. 그도 아니면 남들에게 자신의 능력을 과시할 수 있는 가장 적합한 수단인 것인가.

분명한 것은 한국인들에게 집은 인생의 가장 큰 숙제 중 하나라는 사실이다. 적어도 중년에는 내 집 한 채쯤 소유하고 있어야 가장으로서, 부모로서의 역할을 수행해낸 것만 같다. 그러므로 한 살이라도 젊은 나이에 자신의 힘으로 자신의 이름이 적힌 등기증을 갖는 것은 인생의 큰 산 하나를 넘은 것 같은 기쁨과 행복을 안겨준다.

처음에는 49제곱미터 아파트에 만족했다. 그에 맞게 중고 소형차를 산 순간의 감동도 잊지 못한다. 내 이름으로 등기된 집과 차를 소유했으니 세상에 두려울 것도, 부러울 것도 없었다. 하지만 반짝반짝 영원할 것만 같던 행복의 순간은 짧다.

잘빠진 신형 자동차나 목 좋은 곳에 자리한 브랜드 아파트를 가지고 있는 사람들을 보노라면 나도 모르게 움츠러들거나 화가 치밀어 오른다. 그것이 부모의 능력이든, 자신의 능력이든 상관없다. 그저 여유롭게 살아가는 친구나 동료의 모습을 보면 자신만 무능력하고 외톨이가 된 듯한 느낌이 든다. 등기증을 양손에 쥐고 자신의 찬란한 소유물을 누리며 사는 사람들은 대단히 힘 있어 보이지만, 내게는 힘이 바닥난 것 같아 좁은 집으로 돌아가는 발걸음은 천근만근 무겁기만 하다.

온갖 스트레스에 시달리며 직장에 다니고 10년 이상 생활비를 아끼며 노력해봤지만 내가 취할 수 있는 등기의 범위는 좁디좁다. 더 좋은 집과 더 좋은 차에 눈길이 갈수록 마음속 구멍은 끝을 알 수 없는 싱크홀이 되고 내 심장은 그 속으로 덜컥덜컥 내려앉기만 한다. 기쁨과 행복은 이미 사라진 지 오래고 짜증과 혼란만이 머릿속을 휘저어 놓는다.

그런 상황에서 가정이 평온할 리 있겠는가. 불똥은 가장 가깝고 만만한 이들에게 튀기 마련이다. 동창 모임에 다녀온 뒤로 명품 가방이나 질 좋은 골프채를 노래하는 배우자의 정신 상태가 심히 의심스러워지는 것은 물론이요, 몇 십만 원이나 하는 바람막이 점퍼를 사 달라 조르는 자녀의 뒤통수를 후려갈기고 싶은 충동에 시달리기도 한다. 그 상태로 얼마간의 시간이 흐른다면? 어느새 나는 배우자와 각방을 쓰고 있고, 식사 시간에도 말이 사라진 지 오래며, 아이는 나에 대한 분노가 극에 달한 상태라 상담이 절실히 필요하다는 조언을 듣게 될지도 모른다. 바람결에 그 소문을 들은 케이블 방송의 작가가 '달라질 겁니다' 같은 상담 프로그램에 출연하라 권유하는 전화를 10분 간격으로 해 올지도 모를 일이다.

그런 상황으로 나 자신을 밀어 넣기 전에 내가 찾는 참된 행복이 아파트의 넓이나 차의 배기량에 있지 않다는 것을 진심으로 깨달아야 한다. 그래야만 잃어버렸다고 생각했던 '힘'을 되찾을 수 있고, 바로 그 힘이 나를 행복에 이르게 할 수 있다. 그렇다고 해서 '가진 것 없이 사는 아프리카 사람들도 행복하게 웃으며 사는데 나는 너무 많이 가졌구나'라며 스스로 생각을 바꾸려 발버둥 칠 필요는 없다. 자신이 처한 환경과 아주 동떨어진 환경에 사는 사람과의 비교는 잠시 마음의 위로가 될지 모르지만, 현실에서는 아프리카 사람들을 만날 일이 없다. 대신 며칠 간격으로 친구와 동료만 마주하게 되니 오히려 더 힘만 빠질 뿐이다.

무작정 '올바른 정신만으로도 나는 행복할 수 있다'고 억지 생각을 만들어내는 것은 더 위험하다. 현대사회에서 돈의 권력을 뻔히 알면서 물질 따위는 필요 없다고 큰소리쳐 봤자 아무도 안 믿는다. 그 말을 하는 당사자도 헛소리라는 것을 잘 안다. 어쩌면 그 말은 자신이 원하는 것을 얻지 못했을 때 '애초에 나는 그것을 원하지 않았다'며 욕망 자체를 부정하는 형식으로 표출된 것일 가능성이 크다. 그런데 이 말은 생각보다 큰 힘을 가지고 있다. 스스로를 세뇌시켜 진짜 필요한 욕망까지도 무뎌지게 만들거나 욕망을 의식적으로 억압한 나머지 나중에는 엉뚱한 곳에서 위협적으로 폭발하는 부작용을 낳게 된다.

그러니 돈을 많이 벌고 내 소유물, 내 등기중을 더 늘리고 싶다는 욕망과 목표를 굳이 버릴 필요는 없다. 인간이라면 누구나 더 많은 것을, 더 좋은 것을 원한다. 유아기 때도 애교를 떨어 형보다 더 큰 로봇을 갖는 게 좋았고, 친구들에게는 없는 유명 메이커 운동화를 얻기 위해 밤을 새워 공부하기도 했다. 소유에 대한 욕망은 삶의 목표가 되고 활력소가 되어 우리를 더 열심히 살게 만들어준다. 법정 스님이 설파한 무소유 정신도 아무것도 갖지 말라는 것이 아니라 불필요한 것까지 가지려 애쓰지 마라는 뜻이 아니던가.

다만 마음이 행복하지 않은 상태에서 외적인 성공을 거두고 소유물을 많이 갖게 된 사람은 마음이 평온하기 힘들다. 소유물을 지켜내기 위해 지나치게 들인 노력은 소유물에 대한 집착으로 이어지기 마련이다. 남보다 더 많은 것을 얻기 위해 끊임없이 남과 비교하고 자학하며 발버둥 치는 사람들은 절대 행복할 수 없다. 아니, 불행하다.

입구가 좁은 유리병 속에서 사탕을 가득 쥔 손을 빼지 못하는 어린아이처럼. 처음에는 사탕을 포기하지 않겠다고 죽어라 울부짖던 아이는 그 손을 펴지 않으면 절대 손을 뺄 수 없다는 것을 어쩔 수 없이 인정하고서야 겨우 손에서 힘을 뺀다. 그래도 두세 개의 사탕은 손에 쥔 채로 유리병에서 손을 뺀 아이는 그제야 겨우 울음을 멈추고 아쉬운 표정으로 병 속의 사탕을 쳐다본다.

그때 아이의 마음속에 '내가 친구보다 더 많이 갖지 못했다' 혹은 '내 욕심껏 충분히 갖지 못했다'는 생각이 더 크다면 아이는 불행할 것이다. 마음속의 '더 많이'와 '충분히'는 끝없이 늘어날 세 분명하기 때문이다. 반면 '사탕 두 개라도 건진 채로 손을 뺄 수 있어서 다행이다'는 생각이 더 크다면 아이는 행복할 준비가 되어 있다. 결국 문제는 소유할 물건들, 내 이름으로 등기할 더 큰 대상들이 아니라 그것을 얻기 위해 무조건 앞만 보고 질주하게 만드는 욕망을 스스로 제어할 수 있는가의 여부다.

현재 우리 사회의 상황을 보자면 나의 욕망과 현실 사이에서 목표물을 선택하는 데 엄청나게 신중해야 함을 깨닫게 된다. 1980~1990년대만 하더라도 자산을 가장 쉽고 빠르게 증식시킬 수 있는 방법이 부동산이었다. 베이비부머에게 있어 제곱미터 당 얼마라는 상품으로서의 집은 반드시 가져야 하는 것이었고, 그 과정에서 삶의 보람과 행복을 느낄 수 있었다.

하지만 이제 은퇴시기가 다가오자 부동산이 그들의 발목을 붙들고 있다. 개인 자산이 부동산에 지나치게 집중되어 실제로 생활에 필요한 노후자금이 부족한 현상이 발생한 것이다. 그동안 불패신화를 이뤄왔던 한국의 부동산 시장은 흔들리고 있고, 그 와중에 나의 유일한 재산인 집의 값어치는 끝없이 추락하고 이자는 부담스럽다.

이런 상황 속에서 결국 판단은 개인의 몫이다. 다만 내가 원하는 나의 집은, 나의 가족이 화단에 심어놓은 작은 나무 한 그루와 함께 성장하고 늙어가며 추억을 만들어가는 공간이라는 사실만큼은 변치 않는다. 등기는 분명 그 행복의 시작점이다. 하지만 만약 나의 능력을 넘어서는 등기가 나와 내 가족을 불행하게 한다면 과감히 포기하거나 시기를 늦추는 것도 행복을 지키는 몸짓이며 용기 있는 행동이 아니겠는가.

명품

하나, 프라다 혹은 구라다

명품

매우 뛰어난 작품 masterpiece

이름난 상품 brand-name product, designer label

고가품, 사치품 luxury goods

이탈리아 피렌체의 좁은 골목길에는 가죽제품을 파는 작은
가게들이 즐비하게 늘어서 있다. 대를 이어서 가죽사업을 한
다는 장인의 작품은 수작업에 의해 만들어졌기 때문에 내구성
이 뛰어난 데다 디자인도 매우 독특하다. 까다롭다는 염색작

업도 장인의 경험과 노하우에 의해 진행된 덕분에 색감에 깊이가 있다. 대량생산 자체가 불가능하니 희소성에 대해서는 말할 필요도 없다. 다만 하나의 작품을 완성하기 위해 많은 시간과 공을 들였기 때문에 비록 작은 가게에서 파는 가방이나 신발이지만 가격이 만만치 않다. 이 대목에서 여행자들은 갈등한다.

'눈으로 보기에도, 손으로 만지기에도 훌륭한 작품임이 분명한 저 가방을 알아봐줄 사람은 과연 몇이나 될까. 내가 그만큼의 금액을 투자한 것을 눈치채줄 사람이 있기는 할까?'

고민 끝에 여행자들은 국내 백화점에서 아쉽게 지나칠 수밖에 없었던 명품 브랜드 가방을 사기 위해 도심에서 약간 떨어진 곳에 위치한 창고형 아울렛으로 발걸음을 돌린다.

이래저래 명품의 본래 의미는 변해버렸다. 명품이란 원래 아주 뛰어나거나 널리 알려진, 예술작품이라 불릴 만한 것들을 뜻했다. 오래전에는 왕족이나 귀족 계급 정도는 되어야 가질 수 있는 귀하고 값진 물건들이었다. 게다가 고작 몇 년의 시간이 아니라, 몇 대를 거치는 동안 물건의 품질과 값어치, 그리고 전통성을 인정받은 제품들에만 명품이라는 호칭이 붙었다. 이런 물건들이야말로 대를 이어 물려주기에 충분한 가치가 있었다.

하지만 언제부턴가 그러한 의미는 많이 퇴색되었다. 명품은 더 이상 masterpiece에 머무르지 않고, luxury goods라는 뜻으로 통용되고 있다. 이제는 해외 고가 브랜드를 통칭하는 대표어로 사용되고 있는 것이다. 이를테면 백화점의 수입명품 매장에 입점해 있는 브랜드는 그 값어치나 전통성을 제대로 모른다 해도 이미 명품으로 정의되어 버리는 식이다.

오늘도 수백만 원이 넘는 가방들이 버스에도 지하철에도, 심지어 도시 한 가득 넘실거린다. 아직도 순진한 사람들은 말한다. 하루 종일 아르바이트를 해서 번 몇 만 원의 돈을 대체 얼마나 오래 모았기에 저런 명품을 들 수 있는 것이냐고. 애인을 즐겁게 해주기 위해서는 한 달 내내 상사의 괴롭힘을 참아가며 번 나의 월급을 고스란히 갖다 바쳐야 하는 거냐고.

세상에 돌아다니는 수많은 명품들이 모두 양지에서 탄생하지는 않았다. 본래 그들의 고향은 이탈리아나 프랑스, 영국이었을 테지만, 언제부턴가 중국이나 홍콩의 냄새나는 뒷골목에서 태어나 남몰래 바다를 건너 밀항한, 외롭고 서글픈 탄생설화를 가진 명품들이 대한민국을 휩쓸고 있다. 어둠의 장인들이 얼마나 솜씨 좋게 가품을 만드는지 구분할 눈을 갖지 못한 사람들은 상실감에 빠진 채 명품 로고가 크게 박힌 가방을 들고 다니는 여자들을 모두 된장녀로 치부하며 욕하겠지만, 원인 모를 분노를 표출하며 우울해 할 필요는 없다. 다시 말하지만 그들 중 상당수는 어둠의 자식이기 때문에! 그리하여 '3초백'이라고 불리는 가방의 경우 어느 것이 진짜인지를 구분하기도 어려워졌다. 그 결과 사람들은 제 돈을 주고 진품을 사봤자 가품으로 오해받을까 두려워 명품으로서의 희소성이 사라져 버린 제품을 아예 구입하지 않기로 결정해버렸다.

생각해보면 참으로 희한한 일이다. 돈이 모자라면 안 사면 그만일 텐데, 가품으로라도 갖고야 말겠다는 강한 의지는 어디에서 오는 것일까. A급을 넘어 special을 의미하는 S급 가품들은 몇 십만 원 혹은 몇 백만 원이 넘을 정도로 값이 만만치 않는데 말이다.

그것은 바로 명품이 만들어내는 이미지 때문이다. 어떤 것을 입고 들고 먹는가, 나의 소비행태와 소유물의 종류에 따라 나의 사회적 이미지와 지위가 만들어질 수 있다는 생각은 이미 널리 퍼진 지 오래다. 내가 입고 들고 즐기는 명품들이 마치 나의 사회적 계급을 나타내는, 반짝이는 계급장의 역할을 한다고 생각하는 것이다. 그것은 고급 외제 승용차를 탄 사람과 국산 경차를 탄 사람을 대하는 대중의 태도가 확연히 다른 것과 일맥상통한다.

재미있게도, 해외여행의 보편화는 명품의 보편화에 크게 일조했다. 일이십 년 전까지만 해도 명품을 접할 수 있는 곳은 백화점이나 로데오 거리의 화려한 가게가 대부분이었다. 하지만 삶이 여유로워지면서 해외여행 횟수가 늘어났고, 자연스레 면세점을 통해 명품에 대한 접근성이 용이해졌다. 또한 현지 여행

중에 찾아간 아울렛 매장에서는 엄청나게 파격 할인된 명품들을 손에 쥐는 행운도 얻을 수 있었다. 어차피 그들의 출신성분을 따질 사람은 없다. 그리하여 명품들은 사람들의 삶 속으로 파고들어와 이미지로 숨 쉬게 되었다.

이제 전철 안에서 만날 수 있는 명품들의 진짜 고향을 알아맞히는 일은 상당히 어렵게 되어버렸다. 누군가는 프랑스나 이탈리아 정통 명품을, 누군가는 중국이나 제 3국에서 만든 아울렛 전용 명품을, 누군가는 어둠의 장인이 만들어낸 가품을 들었으나, 그들 모두가 라벨을 뒤집어 확인하기 전까지는 누구의 가방이 프라다인지, 구라다인지 찾아내기가 힘들어진 것이다.

둘. 캐리 브래드 쇼, 당신은 유죄?

뉴욕에 사는 30대 싱글 여성 캐리 브래드 쇼는 잡지에 칼럼을 쓰는 일 이외에 특별한 돈벌이가 없지만 마놀로 블라닉 신상 구두에는 수백 달러를 아낌없이 써버리는 슈즈홀릭이다. 어디 그뿐인가. 값비싼 신발의 그림자에 가렸을 뿐 그녀가 입고 나오는 옷이나 들고 다니는 가방 모두 이름만 대면 누구나 알 만한 명품들이다.

1998년부터 2004년까지 시즌 6까지 방영되는 동안 〈섹스 앤 더 시티Sex and the City〉는 네 주인공의 모습을 통해 전 세계 여성들의 눈과 마음을 호강시켜 주었다. 그렇게 캐리 브래드 쇼는 명품의 이미지를 대중화시키며 유행을 선도했다. 그녀는 마치 퍼레이드의 맨 앞줄에서 전체 행렬을 이끄는 악대 차처럼 사람들의 시선을 끌어모았다. 현실 속에서라면 정신상태가 의심스럽다고 생각했을 법한 커다란 꽃을 꽂은 채 빈티지 드레스를 입고 있는 모습은 심지어 매력적이기까지 했다. 뉴욕의 뒷골목에서 마주친 강도에게 "이것은 바게트 백!"이라고 외치며 실랑이를 벌이고, 그 와중에도 마놀로 블라닉 구두만은 절대 빼앗기지 않으려 하는 장면을 보았는가. 그녀가 자신이 소유한 명품들에 대해 얼마나 강한 애정을 갖고 있는지, 드라마를 처음 본 사람이라도 단번에 눈치 챌 수 있을 정도였다. 목이 다 늘어난 티셔츠 차림으로 그 장면을 보면서 '뉴욕의 강도들은 그녀의 말을 다 알아들을 정도로 명품에 능통한가' 하는 실없는 생각을 했던 기억도 난다.

사실 캐리 브래드 쇼가 미친 듯이 지키려 했던 구두는 뉴욕에 사는 싱글 여성의 자유로움과 시크함을 상징적으로 보여주는 장치다. 그리하여 여성들로 하여금 '나도 캐리처럼 살아보고 싶다'는 생각이 들게 한 순간, 드라마는 절반 이상의 성공을 순식간에 거둬버린 셈이었다. 깊게 생각하지 않더라도, 단어 하나 당 몇 달러씩의 원고료를 받는 싱글 여성이 뉴욕의 값비싼 월셋집에 살면서 브런치를 즐기고, 화려한 차림으로 파티를 찾아다니고, 디자이너의 신발에 탐닉한다는 설정 자체부터가 말이 되지 않는다. 'I love N.Y'이 프린트 된 낡은 후드티를 입고 맥도날드 햄버거를 먹으러 다녀야 현실적이다. 그러나 어차피 사람들은 진실 여부에는 관심이 없다. 설령 그것이 황당하기 짝이 없는 쇼에 불과하다 하더라도, 드라마를 보는 그 순간만큼은 그녀가 팔고 있는 이미지 속에 빠져 있는 일이 즐겁기 때문이다.

그렇게 나를 포함한 수많은 사람들은, 어느 순간부터인가 북소리에 맞춰 악대 차를 따라가고 있었다. 그야말로 유행을 따라 상품을 구입하는 소비현상, 즉 bandwagon effect의 그물에 제대로 걸려든 것이다. 그리하여 우리는 가벼워진 주머니로 인한 서글픔을 겪어야 했지만, 신상 핸드백과 구두는 그 슬픔을 시크하게 덮어주었다. 비록 뉴욕의 번화한 길거리나 가장 인기 있다는 클럽에 서 있는 캐리의 모습 그대로는 아니라 해도, 그 이미지의 한 조각을 내 모습에 입혔다는 생각에 기분이 좋아지는 경험을 하게 되는 것이다.

가방은 소지품만 많이 담으면 그만이고 신발은 어차피 흙먼지가 묻는 것인데 그런 물건들에 무엇 하러 수십, 수백만 원의 돈을 투자하느냐는 비아냥거림도 많다. 그러나 세상 모든 일이 어디 기능만으로 끝나는 것이던가. 일상이 어느 정도 안정되었다 싶으면 사람들은 당장에 먹고사는 문제에서 벗어나 조금 더 고급스럽고 환상적인 삶을 꿈꾸기 마련이다. 내 삶의 공간과 나의 외양을 몽땅 뒤바꾸고 새로운 것들로 채워 넣기는 어렵지만, 한두 가지 정도를 변화시키는 것쯤은 큰 무리가 없다. 비슷한 삶의 모습을 한 사람들 틈에서 내가 남들과 다르다, 낫다 혹은 뒤처지지 않는다를 표현하는 방법은 여러 가지이며 명품을 사는 행위 또한 그 방법 중 하나라고 생각하면 된다.

오로지 문제는 그것을 내 것으로 만드는 방법에 있다. 된장녀 혹은 된장남이라는 말이 있다. 해외명품을 선호하고 즐기지만 자신은 경제활동을 하지 않는 사람들을 뜻하는 단어다. 한마디로 자기 능력이 아닌 부모 혹은 타인의 능력으로 값비싼 물건들을 소유하는 사람들을 비꼬고 비하하는 데서 유래했다. 이렇게 부정적인 의미를 담기 위해 우리나라 고유의 발효음식인 된장을 사용했다는 것 자체가 실은 매우 불쾌한 일이다. 게다가 소위 명품이라 불리는 제품 하나만으로 "너는 된장녀?"라는 비아냥거림을 듣기라도 하면 기분이 몹시 언짢아지는 것이다.

진정 명품의 값어치를 알고 그것을 소유하려 하는가, 값비싼 물건의 이미지만을 좇아 정체성을 잃은 채 무조건 그것을 소유하려 하는가에 대한 구분은 분명 필요하다. 가장 쉽게 구분할 수 있는 기준은 그것을 누구의 능력으로 소유하는가 여부다. 그저 한두 개를 소유하게 된 과정의 문제가 아니다. 명품의 딜레마는 결코 하나만으로 만족할 수 없다는 데 있다. 가방 하나만 예를 들어보더라도, 명품 가방 하나가 모든 장소와 패션을 소화해낼 수는 없다. 1년 365일 자신이 처하게 되는 각각의 상황에 어울리는 가방을 욕심껏 구하다 보면 그 숫자는 급격히 불어날 수밖에 없다. 결국 자신의 경제적 능력만으로 그 숫자를 다 채우기란 거의 불가능에 가깝다. 이 때문에 시선은 자식을 사랑하는 부모님의 따사로운 지갑과 애인을 위해서라면 아까울 것이 없다는 따뜻한 가슴을 소유한 남자 혹은 여자의 열린 지갑으로 향하게 되는 것이다. 그 불타는 시선이 바로 된장녀와 된장남을 구분하는 분명한 기준이 다.

아름답지만 가난했던 여자, 미털드는 화려하게 살고 싶은 욕망을 충족시키지 못하는 삶에 불만이 많았다. 그러던 어느 날 호화로운 파티에 초대받은 그녀는 남편이 모아둔 돈으로 새 옷은 겨우 살 수 있었으나 그에 맞는 액세서리를 구하지 못했다. 고민 끝에 아는 이에게 목걸이를 빌려 파티에 참석했지만 자신도 모르는 사이 목걸이를 잃어버리고 말았다. 결국 그녀는 목걸이를 사느라 진 빚을 갚기 위해 10년 동안 미친 듯이 일을 해야만 했다. 그리고 길에서 우연히 만난 목걸이의 주인. 그녀는 아름다움을 잃어버린 마틸드에게 그간의 사연을 전해 듣고는 이렇게 말했다.

"그 목걸이는 가짜였는데!"

명품을 얻기 위해 도둑질을 하고, 애인을 괴롭히고, 부모의 속을 뒤집어놓는 사람들을 모파상Guy de Maupassant의 〈목걸이La Parure〉속 마틸드와 비교하며, 그녀처럼 혼쭐이 나야 한다고 생각할 사람도 있을 것이다. 하지만 어린 시절과 다르게 성인이 된 지금의 시선으로 마틸드를 바라보면 그녀가 치러야 했던 대가가 너무 가혹한 것은 아니었는지 안쓰럽기 그지없다. 처지에 맞지 않게 화려하고 사치스러운 삶을 동경한 마틸드가 무려 10년 동안 고생한 모습을 보고, 분수에 맞게 살아야 하며 인생의 참된 가치가 무엇인지 깨달아야 한다는 작가의 의도는 지나쳐 보이기까지 하다. 과연 여자로서, 한 인간으로서 욕망에 충실했던 선택이 모조리 폄하되고 고통받아야 하는 정당한 이유가 된다는 말인가. 그래도 마틸드는 주인에게 진품을 돌려주고 빚을 떠안을 만큼 양심적인 사람이었는데 말이다.

루이비통 CEO가 '영혼이 담겨 있어야 명품'이라는 말로 아무리 화려하게 포장하려 해도 사람들의 머릿속에 명품은 이미 세속적이고 속물적이다. 그리고 환상적이고 고귀하며 아름다워서 언젠가는 꼭 갖고 싶은 것이기도 하다. 그러니 나의 이미지를 위해 나의 힘으로 명품을 챙겨 드는 손은 세속적이지만 아름답다. 그것이 나의 삶을 궁핍하게 만들 만큼, 주변인의 삶을 힘겹게 만들 만큼 과한 것이 아니라면 내 아이에게 물려주고 싶은 명품 몇 개쯤 갖는 것도 지루한 일상의 활력소가 될 수 있다고 믿는다.

식스팩

트로이의 신관이었던 라오쿤은 그리스 측에서 보낸 트로이의 목마를 의심하여 성 안으로 들여놓는 것에 반대했다. 이에 그리스 편에 섰던 신들이 크게 노했고, 급기야 바다의 신 포세이돈은 라오쿤에게 무시무시한 물뱀 두 마리를 보냈다. 결국 라오쿤의 두 아들은 물뱀에게 물려 죽고, 라오쿤 역시 뱀에게 옆구리를 물려 죽음을 맞이했다. 이들의 모습을 묘사한 조각상, 라오쿤 군상은 1506년에 콜로세움 근처 티투스 목욕탕 유적지에서 발견되었다.

바티칸 팔각조각공원에 전시되어 있는 이 작품은 인간의 고통스러운 표정을 묘사한 것으로 유명하다. 그런데 작품을 오래 들여다볼수록 라오쿤의 몸이 눈에 더 들어온다. 라오쿤의 얼굴은 다소 늙고 고통스러워 보이지만, 적당히 벌어진 어깨와 팔의 근육들, 그리고 보기 좋게 튀어나온 가슴에 탄탄한 배근육은 절로 감탄을 자아내게 한다. 몸부림을 하느라 약간 비틀어진 왼 다리의 허벅지 근육은 실제로 꿈틀거리는 듯 보이기까지 한다. 인체의 근육의 아름다움을 이처럼 세밀하고 완벽히 조각한 작품이 또 있을까, 할 만큼 눈을 떼기 힘들다. 오죽하면 미켈란젤로가 이 작품을 본 후 자신의 작품은 죽었다고 탄식하며 작업 중이었던 작품을 부숴버렸을까.

역시나 그토록 내 몸에 붙이고 싶은 잔 근육, 특히나 '식스팩 six-pack'의 원형은 그리스·로마시대의 조각상에 있는 게 분명해 보인다. 유럽의 박물관에서 실제 작품을 직접 확인하지 않았다 하더라도, 그 시기 조각상들이 건장한 체격에 근육이 발달한 완벽한 몸을 가졌다는 사실을 부정할 사람은 없을 것이다. 기막히게 잘빠진 근육질 몸을 굳이 옷으로 가리지 않고 고스란히 드러내고 있으니, 그 당시뿐만 아니라 지금에도 이상적이고 조화로운 신체의 표본으로 인정하기에 모자람이 없다. 남성미의 상징인 아폴론은 말할 것도 없고, 로댕 François Auguste René Rodin이 〈생각하는 사람 Le Penseur〉을 만들 때 영감을 받았다는 〈토르소 torso〉는 몸통 근육을 뽐내는 대표적인 작품이다. 오래전에 바티칸 박물관을 찾은 한 맹인 관광객이 〈토르소〉를 직접 만질 수 있는 기회를 얻었는데, 그는 "내 평생 이렇게 완벽한 근육을 접하기는 처음이다"라며 탄성을 내질렀다고 한다.

이처럼 탄탄한 가슴근육과 나비 등근육, 조각 같은 식스팩은 남자라면 누구나 한 번쯤 꿈꾸어 보았을 로망이다. 또 남자가 여자의 S라인을 꿈꾸듯 여자는 남자의 과하지 않은 근육질 몸매를 꿈꾼다. 육체미 경기에 나갈 정도로 도드라진 근육보다는 부드러움과 강함을 동시에 보여주는 스타일이 더 인기가 많다. 드라마나 영화, 가요 프로그램에 등장하는 배우나 가수들이 과감히 옷을 찢어대며 가슴팍을 드러내는 것도 바로 그런 심리를 자극하기 위함이다. 물론 근육질의 몸을 남자만 원하는 것은 아니다. 여자의 몸에 알맞게 붙은 근육은 건강미와 함께 섹시미를 더해준다.

그중에서도 탄탄한 복부에 잘 자리 잡은 식스팩은 건강미 넘치고 섹시한 남성 혹은 여성의 상징으로 손꼽힌다. 식스팩은 복근이 여섯 개의 팩을 붙여놓은 것 같다는 뜻으로 만들어진 단어다. 예전에는 그런 모양의 복근을 '배에 왕王자가 새겨졌다'고 표현하는 정도에 그쳤지만, 요즘은 복근의 모양이 초콜릿과 비슷하다고 해서 초콜릿 복근 혹은 빨래판을 연상시킨다는 뜻으로 빨래판 복근이라고도 부른다.

노출이 가장 많은 계절인 여름이 되면 급하게라도 식스팩을 만들기 위한 노력이 눈물겹게 이어진다. 해변이나 물놀이장에서 웃옷을 벗는 순간 이성의 시선을 확 사로잡는 것은 따놓은 당상이기 때문이다. 식스팩은 외양적으로 보기도 좋지만, 그것을 만들기 위해 부단한 노력이 필요했음을 알기에 부지런하고 절제미가 있는 사람으로 평가받는다는 장점이 부가적으로 따라붙는다.

10대나 20대의 젊은이들이 탄탄한 근육질 몸을 만드는 것은 그리 어렵지 않다. 강도 높은 운동을 버텨낼 체력도, 운동에 투자할 시간도 더 많은 것이 사실이고, 몸이 적응하는 속도도 매우 빠르기 때문이다. 게다가 마음에 드는 이성에게 성적 매력을 발산시키고 싶은 욕망은 운동을 오랫동안 견딜 수 있게 만드는 원동력이 된다. 확실한 목표가 눈앞에 있기에 자다가도 벌떡 일어나 아령을 들 수 있는 것이다.

하지만 직장 일에 시달리느라 지친 데다, 이미 결혼까지 한 30대 이후 세대에게 식스팩은 신기루 같을 때가 많다. 직장에서 돌아오면 운동을 하기보다 소파에 드러누운 채로 고열량의 간식 먹는 일이 더 쉽고 즐거운 건 두말할 필요도 없다. 그래도 건강을 위해 운동을 해볼까, 이왕이면 식스팩까지 도전해볼까 싶어 싼 맛에 스포츠센터 1년 회원권도 끊고 닭 가슴살도 냉장고에 잔뜩 채워 넣는다. 좀 더 앞서 나간 사람들은 단백질 셰이크를 주문하고 보디 관련 잡지 구독까지 신청하면서 배우자의 마음을 부풀게 한다. 그러나 얼마의 시간이 지났을까, 굳은 맹세는 바람결에 사라지고 어느샌가 술과 고기 앞에 앉아 있는 자신을 발견하게 된다. 그리고 바쁜 사회생활과 일상을 탓하고, '다들 이렇게 사는 거지'라고 멋쩍게 웃으며 상황을 모면해 보려 한다.

배만 불룩 튀어나온 중년의 아저씨와 두부살처럼 출렁거리는 팔뚝과 허벅지를 헐렁한 옷으로 가리기에 급급한 중년의 아줌마는 이제 서로의 의지박약을 지적하며 비난의 화살을 쏘아대기 시작한다. 여기서 친구 남편이나 부인과 비교하는 발언이 누군가의 입에서 튀어나오기라도 하면 대치상황은 하룻저녁으로 끝나기 어려워질 수도 있다. 이런 식의 싸움은 1년에 몇 번씩 정기적으로 치러진다. 포기하고 편안히 살자 싶다가도 종종 나를 자극하는 상황에 내몰리게 되기 때문이다.

경제적인 여유가 생겨 더 좋은 브랜드의 옷을 입을 수 있는 기회가 왔음에도 불구하고 맞는 사이즈가 없어 뒤돌아서야 할 때의 창피함, 몸무게는 별 차이가 없는데 어떤 옷을 입어도 맵시가 나지 않을 때의 막막함, 중요한 자리에서 살집을 이겨내지 못하고 양복바지가 터져버렸을 때의 황당함까지. 이런 일들을 겪는 동안 내면의 자신감은 형체를 잃고 흐물흐물해져 버린다. 좋은 자리에 갈 일이 있어도 입을 만한 옷이 없고, 얼굴도 밉상으로 변해가는 것만 같아 시간이 갈수록 사람들도 만나기 싫어진다. 불과 10~20년 사이, 남녀노소 가릴 것 없이 몸매를 드러내는 옷을 입는 것에 관대해진 상황에 나만 뚱뚱

한 몸으로 매일같이 비슷한 옷만 입고 살아간다는 것은 분명 불편하고 짜증스러운 일이다.

또다시 악순환의 고리에 말려들어 가는 것인지도 모른다는 의심이 스스로 들기도 하지만, 그래도 다시 걷기 운동에 나서고 식단을 짜며 이번이 마지막이라고 전의를 불태운다. 그때 우연히 텔레비전에 소개된 성공사례를 보게 되기라도 하면 마음은 한결 가벼워진다. 비만한 몸 때문에 성인병에 노출될 위험이 매우 높고, 이대로 방치하다가는 실명하거나 죽을 수도 있다는 의사의 반 협박성 조언을 듣고 6개월이나 1년 만에 몸짱이 된 사람들이 실제로 존재하기 때문이다. 그들의 몸에 보이는 식스팩은 피와 땀, 그리고 눈물의 결정체다. 섬세한 여섯 조각의 근육에서는 강렬한 자신감이 반짝반짝 빛나기까지 한다.

이제 식스팩이, 잔 근육이, 몸짱이 불가능의 대명사가 아님을 알게 되었으니 그에 대한 강렬한 열망이 사라지기 전에 재빨리 몸을 움직일 일만이 남았다. 여간해선 얼굴을 내밀지 않는 식스팩의 빛나는 면면을 마주하게 될 날을 꿈꾸며 근육운동과 유산소운동을 병행한다. 녹황색 채소와 복합 탄수화물, 기름기 없는 단백질도 꾸준히 먹는다.

그런데 열정적으로 시간과 노력을 투자했건만 아쉽게도 원하는 결과를 얻지 못할 경우가 종종 있다. 운동을 많이 했음에도 식스팩이 잘 드러나지 않는 것에 속이 상해 급기야 복부성

형을 선택하는 이들도 있다. 복부성형이란 복부의 근육 라인을 따라 심층에 과도하게 붙은 지방을 제거하고 표층에 붙은 지방을 선택적으로 제거해, 근육이 더 뚜렷하게 드러나게 하는 수술법이다. 정말 그런 수술을 할까 싶지만 생각보다 회복이 빨라 일상생활에 큰 지장이 없다는 장점 때문에 꽤 많은 사람들이 선택하고 있다고 한다.

군이 그런 방법까지 써가며 식스팩을 만들이야 하는지 의문이 들 수는 있지만, 그것은 그만큼 식스팩이 갖는 상징적인 의미가 큼을 방증하는 것이 아닐까. 식스팩은 오로지 이성에게 아름다운 몸매를 자랑하기 위해 만드는 것이 아니다. 하루에도 몇 번씩 나를 덮치는 스트레스와 싸워가며 몸을 제대로 돌볼 생각을 하지 못하던 내가 시간을 쪼개가며 내 몸을 관리했음을 증명하는 수단이자 자신감의 표현이기 때문이다. 힘들지만 잘 짜인 식단에 운동까지 쉬지 않고 하니 건강은 자연스레 뒤를 따라오고 말이다.

라오쿤만큼은 아니어도, 토르소만큼은 아니어도 상관없다. 내 몸에 식스팩의 형태를 비슷하게나마 달고 살아간다는 것은 자신감 넘치는 사람으로 거듭나게 되었음을 의미하니 어찌 아니 행복할까.

어금니

조선 후기 홍만종이 지은 한문 민담집,《명엽지해^{蓂葉志諧}》에
등장하는 이야기다.

기생 향월을 극진히 아꼈던 함경 감사의 아들, 최생은 연정
의 표시로 자신의 치아 하나를 뽑아주며 훗날 다시 만날 것을
기약했다. 생니를 뽑는 고통이 꽤나 심했을 텐데, 그는 연인과
헤어지는 것도 슬프고 자신의 굳은 사랑도 증명하고 싶은 마
음에 두 눈을 질끈 감고 아픔을 참아냈다. 연인을 두고 떠나자
니 입속에도 마음속에도 찬바람만 휑하게 부는 것 같은데, 설
상가상 최생은 집으로 돌아가는 길에 향월이 실은 남자관계가
복잡했다는 사실을 알게 되었다. 그는 미친 듯이 분노하며 하

인에게 자신의 치아를 찾아오라 명했다. 그런데 향월은 치아를 모아놓은 자루를 휙 던지며 "어느 것이 최생의 것인지 모르겠으니 알아서 찾아가라"고 말했다.

밥을 먹을 때마다, 대화를 할 때마다 입속 빈자리가 크게 느껴졌을 텐데, 최생! 죽을 때까지 얼마나 분하고 억울했는가! 한편 기생이 죽으면 그가 평생 동안 받았던 치아를 주머니에 넣어 무덤에 함께 묻어주었는데, 그 주머니가 크고 묵직할수록 영예롭다 생각했다고 한다. 향월은 죽어서도 꽤나 뿌듯했을 듯하다.

예로부터 사람의 치아는 머리카락과 더불어 그 사람의 분신처럼 여겨졌다. 그래서 무당이나 마법사가 누군가에게 저주를 내리려 할 때 대상이 되는 자의 치아나 머리카락을 구하려 했던 것은 동서를 막론하고 똑같다. 그런데 치아를 뽑는 것은 머리카락 몇 가닥을 뽑는 것과는 차원이 다른 문제다. 잇몸에 단단하게 박힌 치아를 뽑는 일 자체도 어렵고 고통스럽지만, 그것은 나중에 겪게 될 후폭풍에 비하면 아무것도 아니다.
치아 사이 빈 공간으로 바람이 새서 발음이 부정확해지고 침도 많이 튀니 자연히 대화 자체를 꺼리게 되고 대인 관계에 있어 자신감도 떨어질 수밖에 없다. 게다가 치아가 하나라도 제자리에 없으면 음식물을 베거나 씹을 때 무척 불편하다. 치아를 상실한 채로 오래 방치하면 잇몸 뼈가 힘을 잃거나 주변 치아들도 빈 공간으로 기울기 때문에 전체 구강 건강에 몹시 해롭다. 이가 없으면 잇몸으로 산다고 하지만, 이것은 진정 비유적인 의미로만 사용할 법한 말이다.

먹는 낙으로 산다는 말이 우스갯소리만은 아니다. 실제로 스트레스를 먹는 것으로 푸는 사람이 얼마나 많은가. 그런데 먹을 때조차 스트레스를 받게 되니 삶의 재미를 통째로 잃은 듯 한숨이 절로 나오게 된다.

상실된 치아가 어금니일 경우에는 문제가 더 심각하다. 가운데가 오목한 모양에 저작기능^{씹는 기능}을 담당하는 어금니는 송곳니 다음으로 자리한 작은 어금니^{소구치} 두 개와 큰 어금니^{대구치} 세 개로 이루어져 있다. 우리가 일반적으로 말하는 어금니는 큰 어금니 두 개를 가리키고, 세 번째 어금니는 사랑을 느낄 만한 나이인 18세 이후에 난다고 해서 사랑니라고 부른다. 그래서 우리 입속에는 상하좌우를 통틀어 작은 어금니 여덟 개, 큰 어금니 12개가 있다.

음식물을 씹어 갈아내는 어금니에 문제가 발생하면 소화불량에 자주 시달리고 그 여파로 전체적인 건강의 균형도 무너지게 된다. 뿐만 아니라 어금니는 치매와도 밀접한 상관관계가 있다. 턱관절을 받쳐주는 어금니를 상실한 상태로 방치하면 잇몸의 치조골 높이가 낮아져 저작근육과 뇌로 가는 혈관의 감소를 초래한다. 그 결과 뇌로 가는 혈액량이 줄어들면서 치매와 같은 노인성 질환에 노출될 확률이 높아진다는 것이다.

영국 킹스칼리지런던대 연구팀의 연구결과에 따르면 치아가 없는 노인이 그렇지 않은 사람들에 비해 인지능력 장애가 나타날 위험이 무려 3.6배나 높다고 한다. 심지어 노년층의 경우에는 치아 상실 여부에 따라 수명이 10년가량이나 차이가 난다는 연구결과도 있으니, 치아는 아끼고 공을 들여야 할 보물임에 틀림없다.

그래서일까. 예로부터 치아가 빠지는 꿈은 대표적인 흉몽으로 꼽혔다. 특히 어금니나 송곳니처럼 중요한 치아가 빠지거나 아예 치아 전체가 부서지는 꿈은 가족이나 친척이 크게 다치거나 죽을 수 있음을 암시하는 꿈이라 여겼다. 치아는 본래 여러 개가 서로 협력해서 기능을 수행하는데, 치아가 빠지거나 뽑히는 꿈은 나와 관련된 가까운 이들에게 불운이 생길 것을 암시한다는 것이다.

오랜 시간 동안 이런 방식의 꿈풀이가 전해져 내려온 것이나, 나이가 들수록 '치아가 자식보다 낫다'는 속담이 가슴에 와 닿는 것을 보면 역시나 치아는 오복 중의 하나임이 분명한 것 같다. 그런데 다소 당황스러운 사실은, 알고 보면 치아는 오복에 속하지 않았다는 점이다.

중국 유교의 5대 경전 중 하나인 《서경書經》의 〈홍범洪範〉 편에 따르면 오복은 다음의 다섯 가지를 말한다. 장수하는 '수壽', 부유한 삶을 사는 '부富', 우환이 없이 건강하게 사는 '강녕康寧', 덕을 좋아하며 즐겨 이웃에게 봉사하는 의미의 '유호덕攸好德', 천명天命을 다하는 '고종명考終命'이 그것이다. 그러고 보니 유교 경전에 치아가 오복 중 하나라고 쓰여 있어도 어쩐지 어색할 것 같기는 하다. 그럼에도 사람들이 치아를 오복 중 하나라고 믿는 것은, 치아가 건강과 밀접한 관련이 있다는 것은 명확한 사실이므로 결국 건강한 치아를 갖는 것은 강녕의 의미에 속한다고 생각하는 게 아닐까 싶다. 사실 건강한 치아로 잘 먹어야 강녕하고, 오래살 수 있으며, 힘을 내서 돈을 벌 수 있고, 이웃에게 봉사할 수 있는 마음의 여유도 생기며, 천명을 누릴 수 있으니, 역시나 치아는 오복을 얻게 해주는 일등공신임이 분명하다.

이렇듯 예로부터 치아의 소중함은 잘 인식되어 왔지만 치아 관리는 체계적이지 못했다. 나무뿌리나 소금물을 이용하거나, 한약 달인 물로 입을 행구는 정도가 양치질의 전부였다. 오로지 물과 손가락만 가지고 양치질을 하는 경우도 많았다. 그런데 희한하게도 현재에 비해 과거에는 충치가 거의 없었다고 한다. 이유는 간단하다. 옛날에는 인공적인 음식 대신 청정 자연식품들을 주로 섭취했기 때문에 음식물이 치아에 흡착되는 경우가 드물었다. 그에 비해 요즘 우리가 먹는 음식에는 당분과 색소가 필요 이상으로 많이 첨가되어 있어서 어린아이 때부터 충치에 시달리기 일쑤다. 안타깝게도 어린 나이에 경험한 치과 드릴 소리의 공포는 치과를 멀리하게 되는 결정적인 원인이 된다. 그렇게 10대에 생긴 충치를 방치할 경우 매우 빠른 속도로 충치가 심해지고 깊어진다.

이런 이유로 30대 이상 직장인들 중에는 단 음식을 즐기지 않음에도 불구하고 치과질환을 앓는 경우가 상당수 있다고 한다. 직장인들의 특성상 점심시간을 쪼개서 병원에 다니기 쉽지 않고, 잦은 음주와 흡연, 잘못된 양치 습관 등으로 치아 건강이 악화되는 경우가 많기 때문이다.

치아는 손상되면 원래의 상태로 되돌리기 어렵다. 한번 빠진 치아는 다시 자라나지 않으니 그것만큼 섭섭한 일도 없다. 그렇다면 할 수 있는 일은 오로지 예방뿐이다. 올바른 양치질 습관으로 치아의 수명을 무려 30년이나 늘릴 수 있다는데, 양치질을 하지 않고 버티는 사람은 바보이거나 빨대로만 음식물을 먹고 사는 사람일게 분명하다. 6개월에 한 번씩 치과에 가고, 치실과 치간 칫솔로 손쉽게 치아를 관리할 수 있는 방법도 알아둬야겠다.

하지만 안타깝게도 대다수의 사람들이 일상생활에 지장이 있을 정도로 치통이 심해져서야 치과 문을 두드린다. 예방보다는 질병 발생 이후의 치료가 더 중점적으로 이루어지고 있는 셈이다. 그래서 충치치료는 물론이요, 만성 치주염이나 치아우식증, 충치 방치로 인한 영구치 발치 등으로 인해 임플란트를 시술하는 연령대가 다양해졌다. 예전에는 노인들이나 틀니를 대신해 임플란트를 한다고 생각했지만, 요즘은 20대뿐만 아니라 10대까지도 임플란트 시술을 하는 경우기 많다. 임플란트가 제아무리 자연 치아에 가깝다고는 하지만 어디 내 원래 치아만 할까. 게다가 임플란드는 한번 끼위 넣었다고 죽을 때까지 사용할 수 있는 게 아니다. 그것도 일정 기간이 지나면 다시 바꿔줘야 하는 불편함을 감수해야만 한다. 그때가 되면 또다시 시간과 노력과 돈을 들여야만 한다.

확실하게 다이어트를 하고 싶으면 양쪽 어금니를 모두 임플란트 해보라고 말한다. 짜증이 심해지고 어지럽기도 하지만 한 달에 5킬로그램 이상은 우습게 뺄 수 있다. 그런데 농담처럼 흘린 말이지만, 사실 그보다 더 공포스러운 일은 없다. 어금니를 상실한다는 것은 생각보다 우울한 일이다. 영원히 사라진 어금니는 영영 보지 못하는 첫사랑보다도 나를 더 가슴 아프게 할 것이다. 밥을 먹을 때도, 양치질을 할 때도, 입을 벌려 크게 웃을 때도 입속 빈자리는 나를 서글프게 만들 것이다. 매 순간 나의 혓바닥이 빈 공간 속으로 달려들어 가 슬픈 현실을 증명해줄 수도 있다. 그러니 지금 당장이라도 먹던 사탕을 뱉어내고 양치질을 하러 화장실에 들어가는 것이 현명하지 않겠는가.

재취업

우리 동네에는 과연 몇 개의 편의점과 몇 개의 피자 가게가 있을까?

한 해 동안 몇 개의 프랜차이즈 빵집과 몇 개의 치킨 가게가 문을 닫고, 다시 몇 개의 김밥 가게와 몇 개의 카페가 문을 열었을까?

그중 머리가 희끗한 초로의 신사가 계산대 뒤에 서 있는 가게는 얼마나 많을까?

베이비부머Baby-Boomer는 일반적으로 제2차 세계대전 이후인 1946년부터 1965년 사이에 출생한 사람들을 가리키는데, 우리나라의 경우 한국전쟁 이후인 1955년부터 1964년 사이에 출생한 사람들이 여기에 해당한다. 전쟁이라는 크나큰 시련을 겪은 뒤에야 비로소 미뤄두었던 결혼과 출산을 할 수 있었던 탓에, 한꺼번에 많은 수의 아이들이 태어났고 이들에게는 베이비부머라는 명칭이 붙여졌다. 이들은 70년대와 80년대를 거치는 동안 우리나라의 경제를 이끈 중심축이었다. 참으로 부지런하고 참으로 성실하게 살아왔다. 그러다 남들에게 대접받을 만한 나이와 지위에 올라서나 싶었는데 이번에는 IMF외환위기라는 힘겨운 터널을 통과해야만 했다. 제자리를 지키는 일은 생각보다 힘들었다. 그러나 회사가 무너지면 나와 내 가정이 무너진다는 생각으로 위기의 순간마다 회사를 위해 온 힘을 다했다.

그런데 벌써 은퇴시기다. 회사는 대놓고 등을 떠민다. 자존심이 상해도 가정형편을 생각해 버텨보려 애써봤다. 하지만 자신을 향한 시선의 압박감을 견디지 못하고 사표를 쓰는 경우가 주변에서 심심치 않게 발생한다. 서운하고 서러운 마음이 밀려들지만 퇴직금 몇 푼 받아 들고 회사 문을 나서는 것이 최선의 선택일 때가 많다.

이렇게 그들은 생각보다 일찍 인생의 황혼기에 접어들었다. 아니, 떠밀린 셈이다. 하지만 아직도 독립하지 못한 자녀와 보살펴야 할 부모가 있다. 이제 고3인 막내가 대학에 입학하고 나면 등록금은 어떻게 할 것이며, 한 달 약값만 해도 만만치 않게 들어가는 노부모 봉양은 어떻게 해야 할 것인가. 당장 눈앞에 닥친 생계문제도 막막하기만 하다. 퇴직금을 가지고 언제까지 버틸 수 있을까. 창업을 해야 할까, 다른 일자리를 알아봐야 하는 걸까. 돈 나올 구멍은 꽉 막혀 있는데 돈 들어갈 구멍은 블랙홀이 되어 아가리를 벌리고 있다.

시기상의 문제일 뿐, 이러한 상황은 누구에게나 닥쳐온다. 불과 몇 십 년 전만 해도 직장은 평생직장의 개념이었고 은퇴는 곧 휴식을 의미했다. 더 이상 일할 필요 없이 여가를 즐기며 자유로이 살아가면 되는 거라 생각했다. 그렇게 자연스레 노년기로 이어진 인생을 여행이나 다니며 살아가는 것이 은퇴 후의 삶이라 여겼다.

하지만 언제부턴가 직장은 더 이상 평생직장이 아니며, 은퇴시기는 너무 빨라졌다. 은퇴와 관련된 머릿속 생각들은 모두 틀어져 버렸다. 어정쩡한 과도기에 내팽개쳐졌다 생각하니 두려움마저 느껴진다. 게다가 과거 직장에서의 직책과 지위는 자신의 자존심이자 정체성과도 같았다. 사장은 사장으로, 부장은 부장으로 불리던 시기를 잊지 못한다. 그리고 전혀 경험해보지 못한 새로운 분야에 도전하는 것은 두렵기만 하다. 회사를 그만두면서 꽤나 친하다 생각했던 사람들과의 관계도 뿌리부터 흔들리는 느낌이다. 이제 내가 할 수 있는 일도, 서 있을 장소도 사라진 것만 같아 서럽기 그지없다. 마치 내 삶의 시계가 멈춰버린 느낌이 든다.

그때 머릿속에 스치는 생각 하나, 상당수의 베이비부머들은 은퇴 이후의 삶을 대비해 부동산을 마련해놓았다. 불과 몇 년 전까지만 하더라도 당장에 큰 빚을 떠안더라도 아파트 하나만 사놓으면 빚에 대해 크게 두려워할 필요가 없었다. 집값이 연일 고공행진을 해주니 이자를 내고서도 남는 몫이 꽤 쏠쏠했던 것이다. 사람들은 불구덩이로 몸을 던지는 나방처럼 너도나도 아파트 사기에 열을 올렸다.

그런데 상황이 달라져 버렸다. 어느새 자신을 부르는 말은 베이비부머에서 하우스푸어로 바뀌어 있었다. 자기도 모르는 사이 아주 비싼 집에 사는 가난한 사람이 되어버린 것이다. 은퇴가 다가오자 일단 큰 집을 팔아 작은 집으로 옮겨야겠다, 생각했다. 시세차익은 은퇴 후 노후자금으로 사용해야지, 계획했다. 하지만 주택경기 침체는 풀릴 기미가 없고 아파트를 보러 오는 사람도 없는데, 이자 낼 날은 꼬박꼬박 잘도 돌아온다. 그야말로 진퇴양난의 상황에 처해버리고 만 것이다.

그러던 어느 날 다른 이들은 앞으로 내달리는데 나만 낙오되는 것 같은 두려움과 조급함 때문에 다소 성급한 결정을 내리고야 만다. 결국 또다시 빚을 끌어안고 프랜차이즈 사업을 시작한 것이다. 본사에서 많은 돈을 수수료로 챙긴다는 것을 뻔히 알면서도 특별한 기술이 없는 탓에, 가족들의 걱정 섞인 시선을 등에 진 채로 동네마다 피자집이나 치킨집을 창업하는 사람이 늘어났다. 인건비를 줄여보겠다고 직접 음식을 만들고 배달하면서 쉴 새 없이 일했다. 하지만 임대료에 납입금에 재료비까지 빼고 나면 내 손에 떨어지는 돈은 몇 푼 안 된다. 그 사이 내 가게 옆에는 또 다른 프랜차이즈 매장들이 우후죽순처럼 늘어나 몇 안 되는 손님을 두고 경쟁을 한다. 결국 실컷 부부싸움만 하다 몇 달도 되지 않은 시점에 문을 닫고 만다.

실제로 자영업자 중 무려 46.6퍼센트가 3개월 미만의 준비 기간을 거쳐 시장으로 뛰어든다고 한다. 또한 새로 시작한 자영업자 중 3분의 1이 1년 이내에 폐업한다고 하니 안타까운 일이 아닐 수 없다.

물론 모든 사람들이 자영업을 선택하는 것은 아니다. 득히 별다른 재주 없이 자영업을 선택했다가 낭패를 본 사람들이 늘어나는 현실 때문에 재취업의 기회를 잡으려 애쓰는 이들이 더욱 늘어나고 있다. 하지만 50대 이상의 경력직을 채용하려는 중소기업의 비중은 10퍼센트도 넘지 않는다고 하니 그 역시 쉽지만은 않다. 그렇다고 포기할 수는 없다. 실업기간이 길면 길어질수록 우울감이 더해지고 자칫 가정 내의 불화를 일으킬 수 있기에 더욱 그렇다. 취업문이 좁은 것은 젊었거나 늙었거나 모두 마찬가지 상황이니 지레 겁부터 먹을 필요는 없다.

그보다는 새로운 직장을 구하겠다는 마음가짐부터 바로잡는 것이 중요하다. 왜냐하면 재취업의 경우 은퇴 전에 다녔던 직장의 직책만큼 대우를 받지 못하는 사례가 더 많기 때문이다. 과거의 화려했던 시절을 잊지 못하고 기준을 거기에만 맞춘다면 재취업은 요원한 일이 될 가능성이 높다. 그러니 주위 사람들의 시선이나 체면에 신경을 쓰기보다는 실리를 추구하는 쪽으로 접근하는 편이 더 낫다. 또한 스스로 과거의 업무형태를 곰곰이 돌이켜보는 과정을 통해 자신의 장점과 단점을 파악해놓아야 한다. 그것은 새로운 직장을 구하는 데 길잡이가 되어줄 수 있으며, 경력직 사원의 장점을 극대화시켜 취업의 성공률을 높이는 데 도움이 되어줄 것이다. 첫 직장을 구할 때 일단 취업이나 하고 보자는 식으로 직장을 구했다가 결국 사표를 던지는 우를 범하듯, 재취업에서도 마찬가지 상황이 벌어질 수 있다. 잠시만 조급함을 내려놓고 본인이 할 수 있는 일을 꼼꼼히 살펴보는 느긋함이 필요하다. 그래야만 보다 만족스럽고 자신감 있게 일할 수 있는 직장을 구할 가능성이 높다.

재취업에 나선 사람의 의지 못지않게 나머지 가족들의 도움도 매우 중요하다. 실업기간이 길어질수록 당사자나 가족 모두 의기소침해지기 쉬우므로 평온함과 안정감을 유지할 수 있도록 노력해야 한다. 그러기 위해서는 몸과 맘이 쉽게 지치지 않도록 꾸준히 건강관리에 힘써야 한다. 만약 쉬는 기간이 길어진다면 그동안 힘들게 일하느라 쉬지 못한 것을 한꺼번에 몰아서 쉬는 것이라고 서로 위로해주는 자세가 필요하다. 이런 태도는 가족 모두에게 큰 도움이 될 것이다.

또한 새로운 직장을 구할 때까지, 직장을 구한 이후로도 최대한 불필요한 지출을 줄이는 것이 좋다. 재취업한 직장에서의 보수가 이전 직장의 보수보다 낮을 가능성이 높기 때문이다. 열심히 일을 했음에도 불구하고 가정경제가 원활히 돌아가지 않는다는 느낌을 받게 되면 이 또한 부정적인 영향을 끼칠 수 있음을 간과해서는 안 된다. 그리고 가족 구성원이 인터넷 등 각종 정보매체를 적극적으로 활용해 구직 관련 정보를 수집해 주는 것도 좋은 방법이다.

이처럼 재취업의 문제를 가장의 문제로만 치부할 것이 아니라 가족 전체의 문제로 받아들이고 고통을 함께 하려는 의지를 보인다면 의외로 문제는 쉽게 해결될 수 있다. 가뜩이나 어깨가 움츠러든 마당에 능력 없고 나약한 가장으로 몰아붙여 고민의 늪에서 외롭게 허우적거리게 하는 일은 절대 없어야 하지 않겠는가. 함께 문제를 해결하는 과정을 통해 서로에게 힘을 주고 사랑을 확인하고 행복감을 누릴 수 있는 기회까지 잡을 수 있으리라 믿어 의심치 않는다.

그리하여 재취업의 기회를 얻게 되면 제2의 인생을 생각하며 힘차게 발걸음을 내딛기만 하면 된다. 첫 직장을 구했을 때의 기쁨 못지않게, 아니 지금은 일의 즐거움과 고마움을 더욱 잘 알고 있는 나이니만큼 더욱 성실하고 보람되게 일을 즐길 수 있을 것이다. 그것은 곧 중년 이후의 삶을 풍요롭게 윤택하게 만드는 밑거름이 되어줄 것이다. 월급이 조금 부족하면 어떠한가, 직책이 좀 낮아지면 어떠한가, 나를 필요로 하는 곳이 있고 돈을 벌어 가족과 함께 나눌 수 있으니 그만하면 충분히 행복하지 않겠는가.

보톡스

인생을 80까지 산다고 봤을 때 우리의 노화는 언제부터 시작하는 건까? 지금 욕심을 내서 60대 이후, 아니면 딱 절반으로 나눠 40대 이후부터라면 좋으련만! 피부노화는 20대부터 시작한다고 하니 해도 너무하다. 반짝반짝 빛나는 10대를 학원과 학교 사이를 오가며 햇빛도 제대로 못 보고 살아오다 20대를 기점으로 화려하게 꽃 좀 피워볼까 했더니 벌써 노화가 시작된단다. 이게 말이나 되는 일인가.

안타깝기는 하지만 나이를 먹으면서 생체 구조와 기능이 쇠퇴하는 노화를 피해 갈 수 있는 사람은 없다. 이는 생물이라면 어떠한 것이든 불가항력적이며 죽음과 마주하고서야 비로소 멈춘다.

그래도 2~30대까지는 화장품의 힘을 빌려 어떻게든 버틸 수 있다. 하지만 40고개를 넘기 시작하면서 눈가와 입가, 목 등에 눈에 거슬리는 문제가 생기기 시작한다. 언제부턴가 거울을 보면 주름뿐만 아니라 탄력 없이 축 처진 볼살에 넓어진 턱까지 한숨 쉴 일투성이다. 20대 때는 이목구비가 뚜렷한 사람을 미남 미녀로 치지만, 어느 순간부터는 팽팽하고 맑은 피부나 눈가에 주름살이 없는 사람이 더 예뻐 보인다.

신체 여러 기관 중에서도 노화의 흔적이 가장 눈에 잘 띄는 곳은 피부다. 본인의 몸 상태에 따라, 그리고 외부 환경 상태에 따라 직접적인 영향을 받기 때문에 더욱 그렇다. 실제로 나이가 들어가면서 진피 속의 콜라겐 섬유나 탄력섬유 등에 변성이 일어난다. 그래서 탄력이 떨어져 주름이 만들어지는 현상, 피부가 건조하고 얇아지는 현상, 얼굴에 뾰루지나 상처가 났을 때 재생되는 데까지 걸리는 시간이 상대적으로 길어지는 현상, 피부색이 맑은 빛을 잃고 탁해지는 현상 등을 경험하게 된다. 또 나이가 들수록 자외선에 노출된 시간도 비례해서 길어지기 때문에 차츰 탄성섬유 물질이 쌓여 입가와 눈가에 주름살이 늘어나게 된다.

이쯤 되면 텔레비전 광고에 등장하는 효과 좋다는 화장품을 하나둘씩 사 모으는 것을 시작으로 주름살과의 전쟁을 선포하게 된다. 좀 더 적극적으로는 피부 관리실이나 피부과에서 전문관리를 받기도 한다. 피부노화를 치료하기 위해 피부를 얇게 벗겨내기도 하고, 멜라닌 세포의 작용을 억제하기 위해 비타민C를 치료제로 사용하기도 하며, 수술을 통해 피부 표층의 병변을 제거하기도 한다. 그러나 많은 돈을 투자하고 고생한 것에 비해 자신이 바라는 드라마틱한 효과는 그리 쉽게 나타나지 않는다.

그러던 어느 날 오랜만에 모임에 나온 친구의 얼굴이 어딘가 달라진 사실을 발견하게 된다. 분명히 수술한 것은 아닌데 주름살도 없어지고 얼굴도 눈에 띄게 갸름해졌다. 그때부터 그 자리에 모인 사람들의 주제는 한곳으로 집중된다. "대체 얼굴에 무슨 짓을 한 거냐"는 질문이 끊이질 않는다. 하지만 친구는 원래 예뻤고 웃기만 할 뿐 별다른 대답을 해주지 않는다. 바로 그때 한 사람이 결정적인 단서를 잡아냈다. 고기를 넣은 상추쌈이라면 사족을 못 쓰던 그녀가 남이 먹는 것을 그저 애처롭게 쳐다만 보고 있다는 사실! 정답은 바로 보톡스였다. 그녀는 보톡스의 효과를 조금 더 극대화시키기 위해 질긴 음식을 일부러 먹지 않고 있었던 것이다.

얼굴에 칼을 대지 않고 단지 주사 몇 대만으로 주름살을 없애고 턱근육을 마비시켜 갸름한 얼굴선을 만들 수 있다는 것은 분명 엄청난 유혹이 된다. 그렇다면 보톡스는 대체 어떤 물질이기에 이런 마법과도 같은 일을 가능케 하는 것일까.

원래 보톡스는 보툴리눔 독소 A형을 상품화해 만든 약제의 이름이자 미국 제약회사에서 사용하는 제품명이다. 한마디로 질병 치료에 활용되던 약물이다. 원래 보툴리눔은 부패한 통조림에서 발견되는 독소로 단백질의 일종이다. 이 독소를 잘못 섭취하게 되면 식중독에 걸려 근육이 마비된다. 전 세계 인구 70억 명을 죽이는 데 고작 130그램만 있으면 된다고 할 정도니 말해 무엇할까.

보툴리눔 독소에는 총 일곱 가지 종류가 있는데 그중 독소 A형과 B형을 정제해 극소량만을 근육에 주사한다. 체내로 들어간 독소는 신경 전달 물질의 분비를 억제해 주사한 부위의 근육을 마비시킨다. 일반적으로 보톡스 시술을 받았다고 하면 이 치료방법을 일컫는 것이다.

보톡스는 생각보다 다양한 질병에 사용된다. 신체의 마비 증상을 일으키는 소아 뇌성마비 환자가 보톡스를 맞으면 굳었던 팔다리에 불필요한 아세틸콜린의 분비를 막아 구부러지는 증상을 감소시킬 수 있다. 또 편두통에도 효과가 있어 두통의 강도가 25퍼센트가량 감소하고 발생 빈도도 절반 이상 줄어든다고 한다. 게다가 책상 앞에 앉아 있는 시간이 길어 허리나 목, 어깨 등에 근육통을 호소하는 사람들에게 사용할 경우 통증을 완화시킬 수도 있다고 한다. 그야말로 잘만 이용하면 독이 약이 되는 대표적인 경우에 해당한다 하겠다.

이처럼 보톡스 시술은 질병 치료에 우선적으로 사용되었다. 처음부터 얼굴주름이나 사각턱 개선을 위한 것이 아니었다는 말이다. 미용 목적으로 사용하게 된 것은 우연한 발견 때문이었다. 목의 근육긴장 이상이나 눈꺼풀의 경련을 치료하기 위해 보톡스 시술을 하다 보니 그 주변 근육의 주름이 사라지더라는 것이다. 이후로 보톡스는 간단하게 주름을 없애는 대표적인 방법으로 손꼽히게 되었다.

보톡스 시술이 매력적인 것은 시술방법이 매우 간단하기 때문이기도 하다. 연고로 된 국소마취제를 시술 부위에 발라 마취를 시키고, 주사기로 보툴리눔 독소를 원하는 부위에 주입하기만 하면 끝난다. 마취 덕분에 통증도 참을 만하고 흉터가 남는 것도 아니어서 접근성이 쉽고 만족도도 높다.

하루 이틀 시간이 지날수록 보톡스가 주입된 얼굴 근육은 마비가 되어 움직임이 현저히 떨어지고 장기적으로는 근육의 두께가 줄어들게 된다. 평소에 껌이나 고기처럼 질긴 음식을 좋아해 턱이 각진 사람이 있다면 근육이 위축되어 사각턱이 교정되는 효과를 볼 수 있다. 물론 씹는 힘이 떨어져 음식을 먹을 때 불편함을 느끼는 경우도 있으나, 그 정도 고통은 아름다움을 위해서라면 충분히 참을 만하다. 주름의 경우 안면의 표정근을 마비시켜서 주름을 없애는 원리이므로 이마에 길게 생기는 옆주름, 인상을 쓸 때 생기는 미간의 주름, 웃을 때 생기는 눈가의 주름, 나이를 말해준다는 팔자주름에 효과가 있다.

역시나 오랜만에 만난 친구의 눈에 띄게 갸름해진 턱, 확연히 사라진 눈가의 주름은 보톡스의 도움을 받은 것이었다. 그 모습에 감탄을 금치 못하고 시술받은 병원의 위치와 가격을 묻지 않을 사람은 과연 몇이나 될까. 다만 그로부터 몇 개월 후 그 친구를 다시 만나게 되었을 때 또 다른 문제에 직면하게 됨을 반드시 알아야 한다. 갸름했던 턱이 보름달이 차오르듯 예전의 뭉툭한 턱으로 돌아가 있고, 눈가 주름이 다시 깊어졌다면 그것은 보톡스의 효과가 사라졌음을 뜻한다는 것을 말이다. 그것은 카드나 현찰을 들고 다시 병원 문을 두드릴 때가 되었다는 신호나 마찬가지다.

아쉽게도 보톡스의 효과는 영구적이지 않다. 개인차가 있긴 하지만 시술 이후 평균 6개월에서 10개월의 시간이 지나면 근육은 원상태로 회복된다. 그때가 되면 보톡스를 같은 부위에 또 주입해서 효과가 지속되게 만들어야 한다. 그 말은 곧 보톡스의 치료효과에 한계가 있으므로 경제적인 부담을 짊어질 준비가 되어 있어야 함을 의미한다. 그럼에도 불구하고 보톡스를 계속해서 맞는 이유는 보톡스의 효과가 떨어졌을 때의 얼굴이 전에 비해 더 각이 지고 주름이 더 늘어나 보이기 때문이다. 사실은 갸름하고 주름 없는 얼굴에 몇 달 동안 적응이 되었기 때문에 착각을 일으키는 경우가 대부분이지만 말이다.

사실 보톡스는 무시할 수 없는 부작용을 가지고 있다. 주사한 부위의 근육이 과도하게 마비되어 표정 짓기가 어렵거나, 음식을 잘 씹지 못하고, 심지어 음식이 입가로 흘러도 모르는 사태가 종종 발생한다. 과유불급이라고 했던가. 과도하게 보톡스를 맞는 바람에 발음에 장애가 왔다거나, 얼굴 근육이 경직되어서 가면을 쓴 것처럼 보이는 부작용을 겪었다는 연예인들의 고백도 심심치 않게 들어봤다. 더 무서운 것은 보톡스를 주사한 부위의 근육 이외에 다른 근육까지 마비가 된다거나 피로함과 메스꺼움, 경련과 발열 등 전신에 악영향을 미칠 수도 있다는 점이다.

이러한 단점에도 불구하고 우리나라에서는 매달 1만 명 이상이 수십만 원의 비용을 감수하며 미용을 목적으로 보톡스를 맞는다. 이들을 향해 부정적인 시선을 던지고 비난의 소리를 퍼붓는 사람들도 있다. 그 사람의 얼굴에는 그가 살아온 인생이 녹아 있는데, 애써 주사를 맞아가며 그 흔적들을 지울 필요가 있냐는 것이다. 또한 자연스럽게 늙어가는 것이 얼마나 우아하고 멋스러운지 스스로 깨달아야 한다고도 말한다. 모두 맞는 말이다. 죽는 그 순간까지 보톡스를 맞을 수도 없으니 중독이 되기 전에 아예 처음부터 맞지 않는 편이 나을 수도 있다.

그러나 제 얼굴의 흔적이 언제나 아름답지는 않다. 탄력 넘치던 젊은 시절의 나 자신을 누구보다 잘 기억하고 있는 사람은 바로 나이기에 더욱 그렇다. 언젠가부터 거울 보기가 싫어지고 그와 비례해 자신감은 급속히 떨어져 버렸다. 이 와중에 동창모임이 코앞에 있다고 생각해보자. 친구들 얼굴은 보고 싶은데 나만 늙고 지친 얼굴로 그 자리에 나가게 되는 건 아닐까, 걱정스러워진다.

차라리 그럴 때는 과감하게 카드를 들고 보톡스를 맞으러 가면 어떨까. 중년의 고개를 넘다 보면 100만 원을 훌쩍 넘는 백화점 옷으로도 자신감을 찾기 어려울 때가 많다. 만약 보톡스를 통해 잃어버린 자신감을 찾을 수 있다면 그것은 차라리 경제적인 투자일 수 있다. 또한 중독의 수준에 이르지만 않는다면 열심히 살아온 나에게 가끔씩 주는 선물이라 생각해도 좋지 않을까.

흰머리

    탐스럽고 풍성한 갈색 머리카락을 휘날리며 낙엽이 쌓인 가을 길을 걷던 때가 엊그제 같은데, 어느새 하얗게 샌 머리털은 가늘어진 데다 윤기도 사라진 지 오래다. 젊었을 때는 숱 많은 머리칼이 귀찮을 때도 있었지만, 이제는 방바닥에 떨어진 머리카락 한 올에도 눈물이 핑 돈다.

    어디 머리카락뿐일까. 탄력을 잃은 몸에는 나잇살이 붙어 허리는 굵어졌는데, 희한하게도 팔다리는 위태로울 만큼 가늘어져 버렸다. 게다가 좌우 1.5를 자랑하던 시력은 먼 곳과 가까운 곳을 볼 때 번갈아가며 안경을 써야 하는 신세가 되었다. 치아도 부실해지기는 마찬가지, 그동안 아껴가며 모았던 돈을 모조리 치과에 쏟아붓는 것만 같아 부아가 치밀어 오른다. 그

걸로 끝나면 다행이다. 어느 틈에 얼굴과 손등에 퍼져 있는 검버섯은 '나는 진짜 늙은이요'라고 대놓고 말하는 것 같아 피부과 앞을 그냥 지나칠 수 없게 만든다. 눈에 보이지 않는 내부 장기까지 말하려면 날을 새도 끝이 없다. 며칠 밤을 새워도 별 탈 없던 청춘은 바람과 함께 사라져 버렸다.

비통하게도 우리는 매일매일 서서히 늙어가고 있다. 20세가 넘어가면서부터는 노화의 단계에 접어든다고 하니 찬란한 젊음의 시기로 기억하는 그때도 우리는 이미 변화하고 있었다. 역시나 세상에 영원한 것은 없고 우리는 조금씩 늙어가며 한 발짝씩 죽음에 다가서고 있다.

하지만 원치 않는다고 해서 늙음을 피해 갈 방법은 없다. 늙음을 서러워하다 무작정 시간만 흘려보내다가 되고 결국 아무것도 하지 못한 채 더 늙어가기만 할 뿐이다. 그리고 늙음에 대한 이런 식의 편견이 노화를 더 부추긴다.

노스캐롤라이나대학교의 토머스 헤스 박사는 60~80대 노인들의 기억력을 검사했다. 60~70대 노인들로 구성된 첫 번째 집단에게는 '고 연령으로 인해 결과가 좋지 않을 것'이라고 말해주었고, 71~82세 노인들로 구성된 두 번째 집단에게는 고정관념을 만들 만한 어떠한 말도 해주지 않았다. 실험결과 두 번째 집단의 나이가 더 많았음에도 불구하고 기억력 점수는 더 높게 나왔다. 역시나 첫 번째 집단에 심어주었던 부정적인 인식이 기억력이 안 좋게 나오는 원인이 되었던 것이다.

예일대 심리학과 베카 레비 박사의 연구결과도 이와 비슷하다. 그는 3년 동안 노화에 부정적인 생각을 가진 70~96세 노인들을 대상으로 실험을 진행했다. 그 결과 노화에 대해 긍정적인 생각을 가진 노인들이 부정적인 생각을 가진 노인들에 비해 청력손실도가 11.6퍼센트 낮다는 사실을 알게 되었다.

베카 박사의 또 다른 연구결과는 더욱 주목할 만하다. 1975년 오하이오 주의 옥스퍼드에서 '나는 젊었을 때만큼 지금도 행복하다'와 '나이가 들면 쓸모없어진다'는 상반된 진술에 응답한 650명의 수명을 20년 후에 추적, 조사해보았다. 놀랍게도 긍정적으로 노화를 받아들였던 사람들이 부정적으로 반응했던 사람들보다 무려 7년 6개월이나 더 생존했다는 사실을 발견할 수 있었다. 사람들은 조금이라도 더 오래 살기 위해 음식을 가려 먹고, 규칙적으로 운동하고, 술과 담배를 끊고, 정기적으로 검진을 받지만 그래봤자 늘일 수 있는 수명은 1년에서 3년 남짓이다. 실제로 긍정적인 사고는 스트레스 지수를 높이는 코르티솔 수치를 낮춰 심장질환이나 뇌질환에 노출될 확률까지 낮춰준다.

이 대목에서 플라톤Platon의 《국가론Republic》에 등장하는 소크라테스Socrates와 늙은 케팔로스Kephalos의 대화가 떠오른다.

"노년은 인생에서 힘든 시기입니까? 아닙니까?"

"소크라테스, 중요한 것은 그들의 성격이라오. 분별력이 있는 좋은 성격이라면 노년을 견디기 어렵지 않을 거요. 그러나 그 반대라면 노년뿐만 아니라 청춘도 견디기 힘들 거라오."

파릇한 젊음이 우대받는 세상이다. '내 나이는 70이지만 마음만은 청춘이다!'라고 목청껏 소리쳐 보지만, 사회는 '그래봤자 당신은 노인!'이라며 냉담한 반응을 보이곤 한다. 하지만 청춘만이 가장 행복한 시절이라고 누가 장담할 수 있을까. 늙었으니 뒷자리로 물러서 고개 숙여야 한다고 누가 강요할 수 있을까.

세상을 살아가는 모든 노인도 한때는 젊었다. 그저 청춘과 중년을 넘어 치열하게 삶을 살아오는 동안 조금씩 변해갔을 뿐이다. 그렇게 신체 기능이 떨어지고 머리카락 속에 멜라닌을 만드는 세포의 기능도 떨어졌다. 그로 인해 검은 머리는 흰머리로 변해갔다. 하지만 흰머리는 한숨을 내쉬며 뽑아야 할 대상이 아니다. 흰머리가 난 자리에는 검은 머리와 맞바꾼 인생의 지혜가 함께 자라나 있기 때문이다. 이것은 젊은 나이에 생기는 새치와 비교할 수 있다.

새치와 흰머리는 똑같이 노화로 인해 생기는 것이며 아무리 뽑아도 다시 검은 머리로 돌아가지 않는다. 하지만 흰머리와 새치에 결정적으로 다른 점이 있다. 젊은이의 새치는 늙은이의 흰머리가 갖고 있는 지혜를 결코 따라가지도, 흉내 내지도 못 한다는 것이다.

조금만 여유를 두고 바라보면 흰머리가 그 자체로 매우 멋스럽다는 것을 느끼게 된다. 굳이 윤기 흐르는 검은 머리로 염색하지 않아도, 노랗게 물든 청춘의 머리를 부러워하지 않아도 좋을 만큼 우아하다. 흰머리가 나는 자리가 가려운 것은 지혜로움이 튀어나올 구멍을 찾느라 그러는 것이니 안타까워할 일도, 귀찮아할 일도 아니다. 지식은 책으로 쌓을 수 있으나 지혜는 그럴 수 없으니.

《한비자韓非子》〈설림상說林上〉 편에 나오는 고사다.

중국 춘추시대 제나라 환공 때의 일이다. 환공이 군사를 이끌고 고죽국을 정벌하러 나섰는데 예상보다 전쟁이 너무 길어진 탓에 겨울이 되어서야 전쟁이 끝났다. 그런데 귀국길에 오른 환공의 군사들이 숲 속에서 길을 잃고 말았다. 어디로 가야 할지 몰라 군사들이 우왕좌왕하자, 관중이라는 자가 앞으로 나섰다. 그는 "늙은 말의 지혜가 필요하다"며 행군 경험이 많은 늙은 말 한 마리를 풀어놓았다. 환공은 그 말의 뒤를 따랐고 마침내 길을 찾게 되었다.

노마지지老馬之智라는 이 고사는 경험이 풍부한 노인의 지혜가 얼마나 중요한지를 보여주는 이야기이다.

이와 비슷한 맥락으로《노년에 관하여De senectute》라는 책을 집필한 키케로Cicero 의 이야기를 귀담아들을 필요가 있다.

육체가 쇠약하다고 해도 정신으로 이루어지는 일이 있다. 젊은이들이 갑판을 뛰어다니고 돛을 올리고 할 때 노인은 키를 잡고 조용히 선미에 앉아 있다. 큰일은 육체의 힘이나 기민함으로 하는 것이 아니라 깊은 사려와 판단력으로 하는 것이다.

대개는 노인이 되면 두뇌기능이 떨어져 판단력이 흐려진다고 생각한다. 이는 분명 일정 부분 사실이다. 하지만 그들에게는 젊은이들에게는 없는 유연성이 존재한다. 수십 년의 세월을 살아온 경험들은 젊은이들이 당황하는 그 순간에 더욱 빛을 발한다. 키케로의 말처럼 폭풍이 몰아칠 때 젊은이들은 힘으로 문제를 해결하려 하지만, 노인들은 바람의 방향과 파도의 크기를 보며 조용히 키를 조종한다. 바람과 파도를 타고 넘는 지혜를 지난 삶을 통해 터득했기 때문이다.

일상생활에서도 마찬가지다. 병에 걸렸거나 당장 해결해야 할 급박한 일이 생겨 전문가의 도움을 청하려 할 때 20대의 젊은이와 머리가 희끗한 초로의 신사 중 누구를 선택할 것인가. 대부분의 사람이 흰머리의 신사를 선택한다. 그것은 그가 수십 년의 삶을 살며 터득해온 경험과 지혜를 믿기 때문이다.

그러니 삶이, 사회가 좀 더 풍요로워지기 위해서는 노인들의 지혜를 담은 문화가 형성되고 그들의 목소리가 사회 속으로 퍼져 나가야만 한다. 노인들 또한 자신들에 대한 편견과 부정적 견해에 부딪히는 일이 종종 일어난다고 해도, '나도 그땐 그랬지'라고 웃으며 넘기는 여유를 보여줄 수 있어야 한다. 그처럼 노화에 대해 긍정적인 생각을 갖고 자신의 흰머리를 자신감 넘치게 빗어 넘길 수만 있다면 내가 건강할 수 있게 됨은 물론이요, 내 가족과 후손들에게도 긍정적인 영향을 미칠 수 있지 않을까. 흰머리에서 솟아나는 지혜에 대한 스스로의 믿음은 내가 나의 삶에게 주는 선물이자 긍정적인 미래에 대한 예언이기 때문이다.

버킷 리스트

〈버킷 리스트The Bucket List〉라는 영화가 있다. 우연히 같은 병실에 입원한 자동차 정비사 카터모건 프리먼와 재벌 사업가 에드워드잭 니콜슨는 시한부 선고를 받은 사람들이다. 삶의 어느 한 부분에서도 닮은 점을 찾아볼 수 없던 두 남자는 죽음을 눈앞에 두고 있다는 기막힌 공통분모를 갖고서야 서로의 눈을 절실하게 바라본다. 그리고 죽기 전에 꼭 하고 싶은 것들을 적은 '버킷 리스트'를 손에 쥐고 여행길에 오른다. 그들은 세계 곳곳을 여행하면서 버킷 리스트를 하나씩 지워가고, 카터를 먼저 보낸 에드워드가 81세의 나이로 죽은 후에야 '장엄한 광경 보기'라는 마지막 목록을 지울 수 있게 되면서 바라던 바를 완성시킨다. 이 영화가 상영된 이후로 버킷 리스트라는 말이 널리 사용되기 시작했다.

'버킷 리스트Bucket List', 죽기 전에 해보고 싶은 일들을 적어놓은 목록을 가리키는 말이다. 그런데 단어의 조합이 참으로 생뚱맞다. 양동이라는 의미의 'bucket'과 목록을 의미하는 'list'가 어떻게 그처럼 심오한 의미를 가지게 된 걸까.

이 말은 원래 '죽다'라는 뜻의 속어, 'kick the bucket'에서 유래한다. 중세시대에 자살을 택한 사람, 혹은 교수형에 처해진 사람은 목에 올가미를 두르고 뒤집어 놓은 양동이에 올라섰다. 심장이 터질듯 숨소리가 거칠어진 그 순간 양동이를 걷어차 버리면 올가미에 목을 맨 사람은 두 눈을 질끈 감은 채로 자신의 죽음을 목도하게 되었다. 바로 그 행위에서 비롯한 말이 'kick the bucket'이다. 목숨이 끊어지기까지 얼마 되지 않는 시간 동안 빠른 속도로 지나가는 삶의 궤적들 속에서 자신이 하지 못했던 일들을 떠올리게 된다면? 그처럼 통탄스럽고 섬뜩한 일이 또 있을까.

버킷 리스트는 '우리 인생에서 가장 후회스러운 것은 살면서 했던 일들이 아니라 하지 않았던 일들이다'는 말의 의미를 절실히 깨닫게 해주는 단어다. 그것은 마치 과거에 유행처럼 번졌던 유언장 쓰기처럼 종종걸음으로 무작정 앞으로만 내닫던 나를 그 자리에 우뚝 멈춰 서게 만든다. 귀가 먹먹해질 정도로 차가운 바람이 부는 겨울날, 꽁꽁 얼어버린 뺨을 세차게 얼어맞은 듯 정신이 번쩍 들게 하는 것이다.

사람들은 누구나 죽기 전에 이루고 싶은 꿈을 갖고 살아간
다. 남들에게 자랑할 정도의 목록을 작성하지 않았다고 해서
목표가 없는 것은 아니다. 다만 언젠가는 그것들을 꺼내어 다
듬고 성취할 시간이 올 거라는 막연한 믿음을 가진 채 살아갈
뿐이다. 그러다 어느 순간 현재의 삶을 포기하고 싶을 만큼 나
자신이 한없이 초라하고 무기력하게 느껴지는 시간을 경험한
다. 태풍에 휩쓸려 어느 무인도 바위틈에 꼼짝없이 끼어버린
부표처럼 목표를 잃고 같은 자리를 맴도는 자신을 발견하는
일은 끔찍하다 못해 처참하다. 그때 우리가 할 수 있는 선택은
두 가지다. 그 자리에 머물거나, 앞으로 헤엄쳐 나가거나.
　머물기를 선택했다면 더 이상 할 일이 없다. 말 그대로 그렇
게 살다가 죽으면 그만이다. 그러한 결정은 바로 나 때문이기
도, 나머지 사람들 때문이기도 하다. 사람들은 드라마나 영화
의 주인공들처럼 죽음이라는 극한의 상황에 내몰리기 전까지
는 일상에 떠밀려 살아가기 바쁠 뿐, 마음속 바람들을 쉽사리
꺼내놓고 실행에 옮기지 못한다. 우리는 이미 그런 상황들에
익숙하다. 잘 다니던 직장을 때려치우고 여행을 간다고 여권을
챙긴다면 다들 "미쳤다"고 비난을 퍼부어대고, 부모님에게 "사
랑한다"고 말하면 "이번엔 얼마가 필요한데?"라는 질문이 날아

들기 일쑤다. 어쩌면 나 자신도 부지불식간에 누군가에게 그런 반응을 보였을지도 모른다. 예상보다 껄끄러운 반응에 상처 입은 사람은 마침내 입을 꼭 닫아버린다. 그리고 결국엔 꼼짝 않고 바위틈에 끼어 있는 삶을 택하게 된다.

그럼에도 불구하고 헤엄쳐 나가기를 선택했다면 문제는 달라진다. 일상을 내려놓는 나를 비난하는 사람들을 향해 "나는 곧 죽는다니까"라고 일단 소리쳐 본다. 그러면 사람들은 "어머나! 정말? 죽는다니 너무 마음 아파!"라고 말하며 독설의 칼날을 슬그머니 내려놓은 뒤 옆자리에 퍼질러 앉아 펑펑 울기 시작한다. 그런데 실은 당장 죽을 게 아니라고 말하고 나면 더 무서운 독설의 칼바람이 매섭게 불어닥친다. 그러고 보면 일상과 현실을 잠시 내려놓고 외면하는 일은 미치거나 혹은 죽어야 가능한 일인지도 모르겠다.

설령 그렇다 하더라도 나의 생을 곧 마감하게 된다는 전제하에 내가 꼭 해야 할 일은 무엇인지, 내가 하고 싶은 일은 무엇인지를 적어 내려가는 일은 중요하다. 이때 다른 사람이 설 자리 따위는 필요 없다. 이것은 오로지 나 자신에 해당하는 문제다. 누군가에게 검열을 받을 필요도 없고, 이해를 구할 필요도 없다. 눈앞에 놓인 갯바위를 목표로 삼든, 저 멀리 등대를 목표로 삼든 그것은 중요하지 않다. 내가 나의 현재를 돌아보고 내 삶의 방향을 잡았다는 것이 중요하다.

버킷 리스트는 바로 내 시선이 닿은 갯바위이자 등대다. 죽기 직전에 내 삶을 의미 있게 만들기 위해 가열한 발버둥이다. 버킷 리스트를 작성할 마음이 생겼다면 어둠에 잠긴 한밤중 홀로 책상 앞에 앉아 하얀 백지만 준비하면 된다. 일단 그 위에 버킷 리스트를 써 내려가는 행위 자체만으로도 이미 절반은 이루어낸 것인지도 모른다.

이왕 써보는 거 일단 거창한 것부터 시작하는 것도 좋다. 일상에 치어, 시간에 쫓겨, 돈이 모자라, 하고 싶다 생각만 했지 실행에 옮길 것은 꿈꾸지도 못 했던 일들을 떠올려보는 것은 상상 이상으로 신나는 일이다. 어쩌면 그 과정 중에 그 일들을 실제로 해낼 수 있다는 용기가 용솟음칠지도 모른다. 컴퓨터의 작은 화면 속에 세계 지도를 띄워놓는 것 말고, 방바닥을 가득 채울 정도로 커다란 종이 지도를 사서 밤새도록 어디를 갈까 고민하는 건 어떨까.

나는 알래스카에서 낚시를 해볼 수 있고
알프스 골짜기 어딘가로 들어가 스스로 고립당할 수도 있다.
고흐의 작품이 전시된 곳이라면
유럽이고 아메리카고 상관없이 찾아갈 수 있다.

영화 〈버킷 리스트〉에서처럼 스카이다이빙을 하고, 셸비 머스탱을 거칠게 몰고, 타지마할과 만리장성에 피리미드의 사막과 아프리카 대초원까지 돌아다니며 모험을 즐기는 일을 꿈꾸는 것도 꽤나 폼 난다. 물론 에드워드처럼 자가용 비행기를 타고 돈 걱정 없이 세계를 누빌 수 있는 재력가가 아닌 다음에야 기하급수적으로 늘어날 비용 때문에 금세 김이 빠져버릴 수도 있겠지만, 적금통장 하나 깨거나 만들면 그중 하나는 해볼 수 있지 않겠는가. 미리 포기할 필요는 없다. 그것은 곧 도돌이표처럼 버킷 리스트를 쓰기 전으로 돌아가는 일에 불과하다.

물론 버킷 리스트가 반드시 거창할 필요는 없다. 단순히 직업을 구한다거나 좋은 배우자를 찾는 일처럼 지극히 현실적이고 일상적인 일이어도 상관없다. 이제껏 살면서 한 번도 좋은 성적을 받아본 일이 없다면 그것을 버킷 리스트에 올릴 수도 있다. 삶의 마지막 순간에 공부 못했던 자신이 너무 싫을 것 같다는데 누가 뭐라 하겠는가. 가장 가까운 가족에게 "사랑한다"고 하루에 한 번씩 말하기처럼 쉽지만 실행하기는 어려운 일을 선택해도 된다.

드라마 〈여인의 향기〉에서 담낭암에 걸려 시한부 판정을 받은 주인공 연재가 적어 내려간 20개의 버킷 리스트는 그런 점에서 더욱 마음에 와 닿는다.

하루에 한 번씩 엄마를 웃게 만들기

나를 괴롭혔던 놈들에게 복수하기

먹고 싶은 것, 입고 싶은 것, 갖고 싶은 것 참지 않기

이 모든 것을 사랑하는 사람과 함께 하기

연재의 버킷 리스트에는 그녀의 과거가 스며 있다. 먹고사느라 바빠 엄마에게 심통만 부렸던 날들, 회사 상사라는 이유로 나를 무시하고 괴롭혔던 사람에게 고개를 숙일 수밖에 없었던 날들, 돈이 무서워 마음대로 쓰지 못했던 날들, 외로움 속에서 혼자 지내야 했던 날들까지. 우리도 그녀처럼 일상적인 내용을 담은 버킷 리스트를 적어가다 보면 나의 과거와 현재가 어떤 모습인지를 객관적으로 확인할 수 있게 될 것이다. 그리고 내가 살고 싶은 삶의 모습이 진정 무엇인지 깨달을 수 있을 것이다. 이처럼 버킷 리스트에는 나의 과거와 현재, 그리고 미래가 교차한다.

버킷 리스트를 빠른 속도로, 번호를 매기며 수십 개를 거침없이 써 내려갈 필요는 없다. 일단 버킷 리스트를 작성하기로 했다면 며칠이 걸려도, 몇 주가 걸려도 상관없다. 내가 만약 일주일 후에 죽게 된다면 무엇을 할 것인가 진지하고 치열하게 고민할 필요가 있다. 내 안의 소리를 듣는 시간을 갖는다는 것 자체에 집중할 필요가 있다.

고민 끝에 답을 내리고 버킷 리스트를 적어 내려가다 보면

안개에 휩싸인 듯 희미하기만 하던 앞날에 한 줄기 빛이 내려지는 것을 느끼게 될 것이다. 쉽지는 않겠지만, 버킷 리스트에 적힌 하나의 목표를 이루는 것만으로도 내 삶이 행복해질 수 있다는 희망을 갖게 될 수 있다. 왜냐하면 적어도 나 자신은 버킷 리스트를 적기 전에 비해 죽기 전에 후회할 일을 하나쯤은 없애버렸기 때문이다.

1개월이든 6개월이든, 1년이든 10년이든 어떤 주기로 버킷 리스트를 새로 작성하는가는 중요하지 않다. 내 마음은 언제나 변하기 마련이고 나를 둘러싼 환경들도 매번 새로워질 테니까. 20대는 20대에 맞게, 30대는 30대에 맞게, 60대는 60대에 그냥 쓰면 된다. 내 인생의 마지막 날이 언제가 될지는 알 수 없는 일이나, 80세 노인이 되어서도 버킷 리스트를 작성하며 살 수 있다면 적어도 나는 하루하루를 열심히 살았노라, 생을 사랑하며 살았노라, 나 자신을 아끼며 살았노라 말할 수 있지 않을까. 그리고 죽음의 사자가 내 삶의 양동이를 발로 차는 순간 행복했던 기억이 후회되는 기억보다 더 많이, 그리고 빠르게 지나쳐 가지 않겠는가.

웰다잉

몇 년 전, 어느 대형병원의 셔틀버스를 기다리는 동안 한 아주머니와 이야기를 나눈 일이 있다. 그녀는 어머니의 장례식장에 가는 길이었다.

"호상好喪이에요."

아흔이 되도록 그 흔한 감기도 걸리지 않을 정도로 건강하게 사셨던 그녀의 어머니는 어느 날 갑자기 모든 자손들을 한자리에 불러 모으라 주문했다고 했다. 직장과 학원 때문에 참석하지 못하겠다는 자손들의 전화에 할머니는 호통을 치며 크게 화를 냈고, 평소와 다른 할머니의 모습에 당황한 자손들은 서둘러 할머니 앞에 모여 앉았다. 그런데 너무나 평온한 얼굴의 할머니는 자손들을 죽 둘러보더니 얼마 되지 않은 재산은 어떻게 분배할 것이며, 반드시 화장을 하고, 힘들게 제사를 지내지 말 것이며, 혹시라도 내가 생각나거든 한 번씩 추모공원에 들르는 것으로 갈음하고, 형제간에 다툼 없이 잘 지내라는 이야기를 막힘없이 쏟아냈다. 이야기를 마친 할머니는 백발의 노인이 된 큰아들부터 젖먹이 증손자의 머리까지 차례로 쓰다듬어준 뒤 자리에 누웠다고 했다. 그리고 다음 날 할머니는 눈을 뜨지 않았다.

오랜 시간 병마에 시달리지 않고, 자식들에게 간병의 무거운 짐 지우지 않고, 사랑하는 자손들을 한자리에 모아놓고 마지막 인사까지 다 마쳤으니 아주머니의 말대로 호상이 맞는구나 싶었다. 사람들이 말하는 가장 바람직한 죽음! 자신이 원하는 일을 열심히 하며 건강하게 살다 살던 집에서 사랑하는 가족들이 모인 가운데 고통 없이 편안하게, 그리고 존엄성을 지키며 죽는 것! 그것이야말로 호상이 아니고 무엇이겠는가.

그런데 시간이 흐른 뒤 생각해보니 호상이라는 말은 깨끗하게 삶을 마감한 망자를 위한 말이기보다는 살아남은 사람들을 위한 말이 아닌가 싶었다. 현실적으로는 남은 자들의 수고로움이 덜했음을 의미하며, 심적으로는 떠난 자를 보내는 이들의 마음이 조금이나마 편해지기 위한 말이기도 했다.

그러다 문득 궁금해졌다. 과연 흐트러진 모습을 보이지 않고 하늘이 부여한 천명天命을 다했던 할머니는 죽음이 전혀 두렵지 않았을까. 스스로도 자신의 마지막 행동이 이상했다고 말했다는 할머니는 남들이 부러워할 임종을 맞이했으므로 두려움 없이 행복했을까.

지구상에 인류가 존재한 이래로 지금처럼 사람의 수명이 길었던 적은 없다. 하루가 다르게 발전하는 의료기술은 죽음을 떠올리게 하는 암은 물론이요, 각종 난치병과 알츠하이머처럼 인간을 끈질기게 괴롭히는 질병들로부터 인류를 자유롭게 하기 위해 오늘도 고군분투 중이다. 그렇게 해서 60세까지 살 사람이 80세까지 살고, 80세까지 살 사람이 100세까지 사는 것이 가능해진 세상이 왔다고들 말한다.

그러나 살아 있는 모든 것의 운명은 결정되어 있다. 찬란한 젊음이 사라진 자리에는 어둠이 내리기 마련이고, 마침내는 종착역인 죽음에 이르게 되는 것이 인간의 숙명이다. 그 진리를 모르는 사람은 없으나 입 밖으로 내는 것을 꺼리는 사람은 많다. 죽음은 언제나 불편하고 낯설기 때문이다. 아이러니컬하게도 사람들은 하루에도 몇 번씩 "배고파 죽겠어", "머리 아파 죽겠어"라며 죽음을 입에 올리지만, 진짜 죽음이라는 상황이 눈앞에 닥치기라도 하면 어찌할 바를 모르고 시선을 돌리기에 급급하다. 삶이란 결국 생명력을 잃어버리고 한순간 사라져버리는 것인가 싶은 생각에, 물기를 잃어버린 몸뚱이와는 달리

두 눈에서는 하염없이 눈물이 흘러내릴 수도 있다.

때로는 죽음에 대한 지나친 공포가 남아 있는 삶을 치명적으로 위협하기도 한다. 그래서 어떤 이는 60살이 되기 전부터 치매에 걸릴까, 암에 걸릴까 걱정만 하느라 우울증에 빠져버렸다. 단순히 약속을 잊어버린 건망증임에도 치매에 걸렸다고 생각해 두려움에 떨었고, 배만 아파도 위암이나 대장암이 아닐까 노심초사했다. 텔레비전만 틀면 넘쳐나는 의학정보들은 그러한 의심이 눈앞의 현실인 양 생각하기에 딱 좋은 배경지식이 되어주었다. 이런 식의 무섬증을 이겨내지 못하고 당황하는 사이 삶은 지옥으로 변해버린다. 언제 닥칠지도 모르는 죽음을 두려워하느라 일상의 소소한 즐거움과 삶의 목표를 잃어버리고 만 것이다.

오죽하면 죽음이라는 단어를 입에 올리지 못해 '잠들다'는 말로 죽음을 완곡히 표현하려 할까. 묘비명에도 '사랑하는 나의 님, 죽었다'보다는 '사랑하는 나의 님, 여기에 잠들다'라고 표현하는 것이 한결 마음이 편하다. 왜일까.

'잠들다'는 것은 언젠가는 깨어난다는 것을 전제로 한 단어다. 그 깨어남이 내세를 의미하는 것인지, 부활을 의미하는 것인지, 윤회를 의미하는 것인지는 나중 문제다. 단지 죽음이라는 영원한 단절, 한 번도 경험해보지 못한 것에 대한 두려움, 그리고 그 누구에게도 시원스레 답을 얻지 못한 답답함에서 그나마 마음이 놓이기 때문에 이 단어를 사용하는 게 아니겠는가.

그런데 무작정 죽음을 외면하고 부정하다가는 자칫 낭패를 당할 수도 있다. 죽음에 대해 아무런 생각도, 준비도 없이 살아가다 덜컥 죽음과 마주하게 되면 당황한 나머지 존엄성은 생각지도 못 한 채 일단은 생명을 연장하는 일에만 집착하게 된다. 나의 죽음에도, 내 가족의 죽음에도 반응 양상은 비슷하다. 죽음 직전 대부분의 시간을 병원에서 보내는 것만 보더라도 그러하다.

이 시점에서 웰다잉Well Dying이라는 말을 꺼내놓을 수밖에 없다. 원래 이 말은 안락사나 기계에 의지해 무의미하게 생명을 연장하는 일을 거부하는 일과 관련되었다. 회복 불능 상태의 환자를 오로지 기계의 힘만을 빌려 연명케 하는 일이 대체 어떤 의미가 있을까, 하는 질문에 대해서는 쉽게 답을 내리기가 어렵다. 만약 그게 나의 가족 혹은 내게 일어난 일이라고 한다면 더욱 그러하다. 환자가 되살아날 가능성은 없는데, 인간적인 존엄성과 품위는 상실해버린 상태로 가족들에게 큰 짐만 지우게 된다 생각하면 한숨부터 터져 나온다. 혹여 그러한 일들이 나의 의지와 상관없이 벌어지게 될 것에 대비해 기계 호흡이나 심폐 소생술을 하지 말아달라는 생각을 미리 밝혀놓는다거나, 또 다른 이들에게 생명을 줄 수 있는 장기기증에 대해 고민하는 시간을 갖는 것은 누구에게나 필요하지 않을까. 잘 죽는 일은 잘 사는 일만큼이나 중요하니 말이다.

사는 동안 웰빙Well Being 하려 애썼다면 죽을 때는 웰다잉 해야 한다. 누구나 품위 있는 죽음을 원한다. 하지만 죽음 앞에 시선을 마주하려 하지 않고 허둥대기만 한다면 결코 원하는 바를 이룰 수 없다. 힘들지만 죽음을 준비하는 과정은 우리에게 더 가치 있는 삶을 살아갈 수 있는 기회를 내주며, 살아 있는 동안 우리를 한결 겸손하게 만들어준다. 죽음을 준비한다며 관에도 들어가 보고, 유언장도 써보지만, 그보다 더 중요한 것은 내게 남은 삶 중에 가장 젊은 날인 오늘 하루를 열심히, 그리고 착하게 사는 일이 아니겠는가. 그래서 지금 당장 죽어도 여한이 없다 하면 거짓말이 되겠지만, 적어도 어제보다는 덜 섭섭한 마음이 들 정도는 되어야 하지 않겠는가.

특히나 노년이 되면 모든 것이 끝난다고, 노년은 죽음과 맞닿아 있다고 생각한다. 하지만 늙음이 죽음과 동의어는 아니다. 늙음이 젊음보다 죽음에 가까운 것은 사실이나, 죽음이란 원래 나이를 가리지 않고 찾아드는 법이다. 어느 것이 정답인지는 누구도 알 수 없다. 하지만 절대 잊지 말아야 할 사실 한 가지, 인간은 누구나 죽지만 죽음은 조급한 생각보다는 훨씬 느리게 찾아온다는 것이다. 그러니 그 시간을 죽음만을 생각하며 보내기보다는 삶의 의미를 알기 위해 애쓰는 편이 낫겠다.

살다 보면 수십 년을 살아도 왜 사는 건지, 무엇을 위해 사는 건지, 나의 삶이 올바른 것인지도 알지 못한 채 하루하루 그냥 살아가고 있는 자신을 발견하게 된다. 죽음의 반의어가 무작정 오래 살아가기는 아니라는 점을 생각해볼 필요가 있다. 그러고 보면 늙음이 죽음을 연상시킨다기보다는, 원하는 것을 더 이상 할 수 없을 때 혹은 원하는 것이 무엇인지도 모르는 채 살아가고 있을 때가 늙은 것이요, 죽음에 가까운 것이 아닐까.

키케로의 말처럼 우리는 이미 정해졌으며 하나뿐인 자연의 길을 오직 한 번만 갈 수 있다. 내가 걸어왔던 청춘의 길을 되돌아갈 수 없음을 이미 경험했기에 오로지 '한 번뿐'이라는 말의 의미도 절실히 깨달았다. 그러니 지금껏 자신만을 위해 살아왔다면 이제는 다른 이들의 삶을 돌아볼 여유를 찾을 때가 되었는지도 모른다. 나는 죽기 전까지 과연 내 것을 얼마만큼 내줄 수 있으며, 남을 위해 얼마나 봉사할 수 있을까. 흔한 말로, 죽으면 이고 지고 갈 돈도 아닌데, 그 돈이 내가 한평생 인생을 잘 살았다는 유일한 증거물도 아닌데 죽는 그 순간까지 모든 신경을 돈에 집중할 필요는 없다.

내게 남은 시간이 한 달뿐이라 생각해보면 문제는 쉽게 풀린다. 적어도 내가 이 세상에 태어나 아무런 의미가 없는 존재는 아니었으며 단 한 명에게라도 긍정적인 영향을 끼친 사람이었다고 스스로에게 자신 있게 말할 수 있다면 그것은 행복한 일이다. 하다못해 웃는 얼굴의 영정사진을 미리 준비해놓는 것도 나 떠난 이후의 세상에 보여줄 수 있는 마지막 유머일 수 있다. 얼마나 홀가분한 일인가. 근엄하고 슬픈 얼굴의 영정사진보다는 어쩐지 죽은 뒤에도 웃고 있을 것 같은 얼굴로 남은 이들에게 기억되는 것이 더 행복한 것이 아닐까. 그 모습은 분명 산 자들의 가슴속에 영원히 기억되고 재생될 게 분명하다.

물론 아무리 밝은 얼굴로 죽음은 삶의 완성이니 불안해 하지 말고 용기를 가지라 외쳐봐도, 죽음을 입에 올리기 싫어 잠들었다고 표현해도, 죽음이 인생의 종착역이라는 사실과 누구나 죽는다는 사실은 변하지 않을 것이다. 때로는 죽음에 대한 공포가 날것 그대로 튀어 올라 일상을 뒤흔들어 놓을 수도 있다. 그럴 때는 애써 감정을 숨기려 하지 말고 두려우면 두렵다 말하는 것도 좋다. 실은 다리가 후들거릴 정도로 두려운데 억지로 용기를 내야 한다고 스스로를 다그치는 것은 참된 용기가 아닐지도 모른다. 차라리 나약한 인간의 모습을 그대로 드러낸 채로 얼마나 더 봉사하고 배려하며 살아갈 수 있을까 고민하고, 나와 같은 생각을 한 이들과 서로 의지하며 살아가는 편이 훨씬 용감한 모습일 수도 있다.

버릴 욕심은 넘치고, 채울 사랑은 부족하고

어느 날 갑자기 삶이 너무 고단하고 두렵다 느껴진다면 생각을 멈추고 그동안의 주관과 원칙을 잠시 내려놓는 것은 어떨까. 어른이 되고, 부모가 된 이후로는 무서워도 무섭다 말을 못 하고, 힘들어도 기대어 울 곳도 마땅치 않다. 먹고살기 바빠 내 영혼이 어느 곳에 쭈그리고 앉아 있는지 관심조차 없이 살아가는 중이다. 그러므로 때때로 우리는 맹목적일 필요가 있다.

욕

대학교 신입생 환영회 때의 일이다. 분위기가 거나하게 무르익었을 무렵 나는 새로 사귄 친구의 호탕함에 취해 그녀의 등짝을 치며 소리쳤다.

"염병하네."

순간 그 친구의 눈에서 웃음기가 한순간에 사라지더니 이내 경멸하는 듯한 눈빛으로 내 얼굴을 노려보았다. 나는 대체 뭐가 잘못된 것인지 전혀 눈치 채지 못했다. 어색한 침묵의 시간이 얼마나 흘렀을까. 친구는 왜 욕지거리를 하냐며 단단히 삐진 얼굴로 쏘아붙였다. 그제야 사태를 파악한 내가 우리 고장에서는 '염병하네'가 욕이 아니라고 두 팔을 휘저으며 그 말의 의미를 설명했다. 하지만 소용없었다. 부랴부랴 동향 친구를

찾아 "우리 동네에선 진짜 욕이 아니다!"라고 몇 번이고 확인
시켜 준 뒤에야 비로소 오해를 풀 수 있었다. 지금이야 재미있
는 이야깃거리에 불과하지만 당시에는 꽤나 당황했던 기억이
난다.

표준어와는 달리 사투리에서는 욕이 친근함을 표현하는 수
단으로 사용되곤 한다. 하지만 그 말에 익숙하지 않은 타 지역
사람들에게는 그저 기분 나쁜 욕으로만 들릴 수도 있다. 그러
니 아무렇지도 않게 욕을 내뱉는 사람들의 수준을 의심할 수
밖에 없는 것이다. 그러나 서로 친해지고 나면 자신의 입에서
도 '염병'이나 '지랄' 같은 말이 자연스럽게 튀어나오는 상황을
경험하게 된다. 그때가 되면 진심으로 깨닫게 된다. 친구의 입
에서 흘러나왔던 욕이 상대방을 비하하거나 모욕하기 위함이
아니라 친근함의 표현이었다는 사실을 말이다.

이처럼 타인에게 인격적인 모욕을 주려는 의도가 아닌 이상
친한 사람들 사이에서 사용하는 몇몇 욕들은 오히려 그들의
끈끈한 인간관계를 증명하는 도구처럼 사용된다. 오래된 친구
끼리 너무나 반듯하게, 오로지 표준어로만, 비속어는 절대 사
용하지 않고 대화를 한다면 얼마나 정나미가 떨어질까.

"이 친구야, 그런 행동을 하는 것을 보니 자네의 뇌 기능이
상당히 떨어진 모양이로군"보다는 "이 미친놈아!"라는 한 마디
가 더 많은 의미를 내포한 데다 정겹기까지 하다. 유년기를 함

께 보내온 친구들끼리 허물없이 내뱉는 몇 마디의 욕은 그들의 관계가 얼마나 깊고 오래되었는가를 보여주는 도구가 되어준다.

그런데 욕이라는 것이 온통 정으로만 설명될 수 있으면 얼마나 좋을까. 아무데서나 누구에게나 욕을 해대는 사람처럼 무식해 보이는 이도 없다. 특히 요새 길을 지나다 보면 여기저기서 들려오는 욕 때문에 흠칫 놀라는 일이 잦아졌다. 불과 10~20년 사이에 욕은 하향 평준화되어 생활 속 깊숙이 파고들어 버린 것 같다. 매우 질이 낮고 강도가 센 욕을 남녀 구분 없이, 초등학교 저학년 시기부터 습관적으로 사용하고 있어 안타깝기 그지없다. 중학생들의 경우 남녀 학생의 95퍼센트 이상이 욕을 한다는 조사결과가 있는 것을 보면 실상은 100퍼센트의 아이들이 욕을 사용한다고 해도 무방할 것이다. 믿고 싶진 않지만 내 아이가 집에서 욕을 사용하지 않는다고 해서 안심할 상황이 아니라는 말이다.

돌이켜보면 적어도 90년대 초반까지만 해도 욕은 한정적인 범주 내에서만 주로 사용되었던 것 같다. 학교에서도 좀 노는 아이들이나 일상적으로 욕을 할까, 보통의 아이들은 누군가와 크게 싸웠다거나 억울한 경우를 당했을 때가 아닌 이상 욕을 하는 일이 드물었다. 그런데 지금은 말의 추임새를 집어넣듯 욕이 자연스럽게 말 속에 스며들어 있다. 기분이 나빠도, 좋아도, 아무 생각이 없어도, 욕이 말의 시작이자 끝이 되어버렸다. 게다가 욕은 인터넷이나 또래집단을 통해 빠른 속도로 무분별하게 확산되고 있다.

반면에 이를 적절히 걸러줄 장치는 별로 없다. 한 집단 안에서 스스럼없이 욕을 하는 행위는 그 집단에 동화되는 수단으로 이용된다. 게다가 더 심하고 강한 욕설을 퍼부으면 아이들 사이에서 중심이 되고 권력을 얻는 데 도움이 된다. 한마디로 주도권 싸움에서 밀리지 않기 위해서는 반드시 욕을 사용해야 한다는 말이다.

아직은 너무 어린 나이인데, 아름답고 다채로운 우리말을 채 익히기도 선에 욕부터 배우는 것은 참으로 슬픈 일이다. 몇십 년 후에는 '존나'나 '대따' 같은 단어로 부사가 단일화되어 버릴까 걱정스럽기까지 하다. 언어는 시간의 흐름에 따라 변화하기 마련이니, 어릴 때부터 욕설을 아무렇지도 않게 사용해 온 사람이 주를 이루는 사회가 된다면 충분히 가능한 일이다.

그런데 욕을 너무나 흔하게 사용하는 것에 비해 욕의 어원을 아는 경우는 드물다. 어린 학생들일수록 더욱 그러하다. 만약 이들이 욕이 등장하게 된 배경을 알게 되면 예전처럼 욕을 사용할 수 있을까. 욕이라는 것이 원래 상대방을 기분 나쁘게 하려는 의도에서 비롯한 것이니, 특별히 어원을 알 필요가 없다고 할 수도 있겠다. 하지만 정말 아무 이유 없이 습관처럼 욕을 하는 경우라면 욕의 어원을 알아볼 필요가 있다고 믿는다.

희한하게도 상당수의 욕이 성적인 의미를 내포하고 있다. 그리고 사람들이 부지불식간 가장 흔하게 사용하는 욕이 바로 이 범주에 속한다. 개인적으로는 '씹할'의 어원을 알았을 때 충격이 꽤나 컸다. '씹'은 성교나 성기를 가리키는 말로 '씹할'은 성교하다의 의미가 된다. 문제는 이 단어 앞에 원래 '니미'가 붙는다는 것인데, 이 말은 곧 '네 어머니와 성교할'의 의미다. 또 발음은 '씹할'과 똑같지만 '씹팔'이라는 말이 있는데, 이는 '성기를 팔다'는 뜻으로 '매춘하다'의 의미가 된다. 어린아이부터 어른까지 너무나 흔하게 사용하는 욕이지만, 실은 그 의미를 알고 나면 결코 입 밖으로 내고 싶지 않은 말이 바로 이 단어가 아닐까 싶다.

그런데 듣기에 별로 거센 단어가 아닌 말들에도 성적인 의미가 담긴 사례는 흔하다. 우리가 흔히 쓰는 '제기랄'이라는 말은 원래 '제 아기와 성교할'의 의미라고 하니 앞으로는 이 말도 입에 올리기 쉽지 않겠다. '개새끼'라는 말도 그렇다. 다른 욕들에 비해 강도가 약한 편이라 생각하겠지만 결코 그렇지 않다. 개들이 부모 자식 간에 성교하는 경우가 종종 발생하는 데서 비롯한 말이라는 설이 있다는 것을 알고 나면 이 말도 쓰기가 영 민망해진다. 또 '엿 먹어라'는 말의 '엿'은 원래 조선시대에 팔도를 떠돌아다니던 남사당패가 여성의 성기를 이르는 말로 사용했던 속어다. 그래서 '엿 먹어라'는 문장은 여자에게 잘못 걸려 된통 당해보라는 의미를 갖는다.

욕 중에서 가장 슬픈 욕은 '화냥년'이라는 욕이 아닐까 싶다. 남녀 관계가 복잡하고 음탕한 여자를 지칭하는 욕이지만 그 어원을 알게 된다면 절대 쓰지 못할 말이다. 정묘호란과 병자호란을 일으킨 청나라는 조선 사람 수십만 명을 닥치는 대로 잡아갔는데, 그중 절반이 여인들이었다. 하루아침에 남의 나라로 끌려간 여인들은 노예가 되기도 하고, 겁탈당하기도 하며 갖은 수모를 겪어야만 했다. 그러다 운이 좋은 여인들은 몸값을 치른 뒤 조선으로 돌아올 수 있었다. 그런데 겨우 고향 마을로 돌아온 여인들은 몸을 더럽힌 여자로 치부되어 손가락질을 받는 신세가 되었다. 힘없는 나라 탓에 갖은 고초를 겪었던 여인들을 감싸기보다 유교적 잣대를 들이댄 비겁한 이들의 희생양이 된 것이다. 그들에게 있어 그녀들은 치욕적인 역사가 남긴, 그래서 애초부터 없다고 생각하고 싶은 결과물에 불과했다. 그런 그녀들에게 붙은 이름이 바로 고향으로 돌아왔다는 의미의 '환향還鄕', 거기에 몸을 더럽혔다는 뜻으로 '년'을 붙여 '환향년'이었다. 그 말이 발음하기 편하게 변한 것이 바로 화냥년이니, 그 뜻을 알고 어떻게 이 욕을 사용할 수 있을까.

이외에 병과 관련된 말도 많다. 가장 흔하게 사용하는 '지랄'

은 간질병을 의미한다. 분별없이 법석을 떨며 행동하는 모양이 간질 발작의 모습과 비슷하다는 뜻에서 나온 말이다. 비속어임은 분명하지만 지방에서 워낙 많이 쓰는 말이기에 욕이라는 생각을 잘 하지 못하고 사용한다. '염병'도 비슷하다. 염병은 오염된 물과 음식을 통해 감염된 장티푸스를 가리키는 말이다. 예전에는 치료가 어려워 염병에 걸리면 끙끙 앓다 죽는 경우가 흔했기 때문에 실은 매우 무서운 욕에 해당한다. 하지만 지금은 발병률이 현저히 떨어진 데다가, '지랄'처럼 흔히 사용하는 말이라 거부감이 크지 않을 것이다.

만약 욕하는 아이 때문에 고민이 깊은 부모가 있다면 화를 내거나 야단을 치기보다는 그 욕이 얼마나 나쁜 말인지 어원을 알려주는 편이 나을 수 있다. 실제로 교육 현장에서 이러한 시도가 좋은 효과를 가지고 온 사례는 쉽게 찾을 수 있다.

욕설을 무분별하게 사용하는 경우가 아니라면 스트레스가 많은 현대 사회에서 욕 한 마디가 스트레스를 확 날려주기도 한다는 것은 분명한 사실이다. 넓디넓은 이 세상에는 다정한 친구만 있는 것이 아니지 않는가. 짜증나는 상사도 있고, 답답한 부하도 있고, 벼룩의 간을 빼먹는 사기꾼도 있고, 인간에 대한 예의라고는 눈 씻고 봐도 찾을 수가 없는 사람도 있다. 그들로 인해 목을 죄는 것 같은 스트레스를 받게 되면 제아무리 욕설을 싫어하는 사람이라 하더라도 저도 모르게 욕설이 튀어나오게 된다. 솔직히 수십 년을 살아오면서 속으로라도 욕을 뱉어내지 않은 사람은 없을 것이다. 아니, 남들 귀에 안 들렸을 뿐이지 누구나 욕을 한다. 머리 꼭대기까지 화가 치밀어 오를 때 시원스레 욕을 내뱉고 나면 가슴 저 밑바닥에서 카타르시스가 용솟음치는 것도 사실이다. 차마 내 입으로 욕하기 곤란한 상황일 때는 다른 사람의 입에서 튀어나온 욕을 듣고 대리 만족을 느끼기도 한다.

전염병처럼 사회 깊숙이 퍼져버린 무분별한 욕설이 아닌, 오랜 시간을 함께 해온 친구들끼리 허물없이 주고받는 정겨운 욕이나 스트레스를 날리기 위해 홀로 내뱉는 욕은 분명 긍정적이지 않겠는가.

접시

베트남 속담 중에 '여자 셋이 모이면 시장이 된다'는 말이 있다. '여자 셋이 모이면 접시가 깨진다', '여자 셋이 모이면 접시 구멍을 뚫는다', '여자 셋이 모이면 쇠도 녹인다' 같은 우리나라 속담과 의미뿐만 아니라 문장구조까지 똑같은 게 참 재미나다. 우리나라의 경우 여자의 침묵을 덕으로 여기는 유교사상의 영향을 강하게 받았기 때문에 이런 속담들이 많다고 생각할 수 있지만, 실은 동서양을 막론하고 여자들이 말이 많은 것을 경계하는 속담들은 상당히 많다. 때로는 이런 속담들이 단순한 경계의 의미를 넘어 성차별적 차원에서 여성을 비하하는 것처럼 들려서 불쾌한 기분이 드는 것도 사실이다.

하지만 일단은 부정적인 감정을 잠시 접어두고, 이 속담들을 보며 생겼던 호기심부터 풀어보는 건 어떨까.

첫째로, 왜 하필 여자 세 명일까? 한자로 볼 때 계집 녀女가 셋이 모이면 간통할 간姦이 된다. 예로부터 한 마을에서 은밀히 일어났던 각종 사건들, 특히나 흥미를 자극하는 불륜이나 간통 사건은 여자들의 수다를 통해 폭로되는 경우가 대부분이었고, 그로 인해 각 가정과 마을 전체가 불편하고 시끄러워졌다고 여겼다. 그러니 여자들이 삼삼오오 모여 이야기를 나누면 '이번에는 또 누구네 집 흉을 보나?'라며 색안경을 끼고 보기 일쑤였다. 특히나 시부모의 입장에서는 혹시라도 우리 집 며느리가 다른 집 사람들에게 우리 가정과 관련된 흉을 보고 있는 것은 아닐까, 경계하는 의미도 있었다.

그런데 다른 나라의 속담에도 여자 셋이 등장하는 것을 보면 '셋'이라는 숫자가 갖는 또 다른 이유가 있을 법하다. 아무래도 대화를 나눌 때 둘은 그 수가 너무 적고, 넷이 되면 두 명씩 짝이 되어 각각 이야기를 나눌 확률이 높다. 또한 다섯 이상이 되면 한 가지 주제에 집중하기 어려워지므로 세 명이 하나의 주제로 이야기를 나누기에 가장 적당한 숫자라고 생각한 듯하다.

둘째로, 하고많은 물건들 중에 왜 굳이 접시가 등장한 것일까? 여자들의 수다와 접시에는 어떤 공통점이 있는 것일까? 생각해보면 답은 간단하다. 어느 나라건 가정일을 주로 하는 사람은 여자이므로 접시는 여자와 가까운 물건이다. 그런데 음식을 만들거나 설거지를 하며 수다를 떨다 보면 자칫 일에 집중하지 못하여 접시를 깨기 십상이다. 그런 의미에서 보자면 수다 때문에 부주의해지는 여자들의 태도를 경계하는 말처럼 들리기도 한다.

그런데 이 속담이 그보다 더 주목하는 점은 소리다. 접시가 부딪치는 소리는 날카롭고 시끄럽다. 접시가 깨지는 소리는 훨씬 더 싸증스럽고 신경을 곤두서게 만든다. 여기서 문제는 물리적인 접촉이 전혀 없이 여자들의 수다만으로 접시가 깨지는 게 가능한 일이냐는 점이다. 인간을 포함해 모든 물질은 자신만의 공명 주파수를 갖는다. 만약 접시의 공명 주파수에 맞는 소리를 계속해서 내게 된다면 접시가 깨지는 일도 가능하다. 물론 이것은 결코 간단한 일이 아니며, 한 사람의 목소리만으로는 불가능에 가깝다. 또한 여러 사람이 모였다고는 해도 증폭기 없이 목소리 자체만 가지고 깬다는 것도 실현하기 어렵다는 쪽으로 답이 기운다.

그런데도 여자 셋이 모이면 접시가 깨진다는 표현은 과학적인 증명을 떠나서 꽤나 그럴듯하게 들린다. 여자의 목소리 주파수는 220헤르츠로 남성의 목소리 주파수 120헤르츠보다 훨

씬 높고 가늘다. 그러니 여자의 고주파수 목소리가 남자의 저
주파수 목소리보다 더 시끄럽게 들릴 수밖에 없는 것이다. 이
런 목소리 셋이 모여서 떠들어대면 주파수가 더 올라가니 접
시가 깨질 법도 하다는 말이다.

그런데 여자 셋이 모이면 목소리만으로 접시를 깨는 차력
쇼를 보일 수도 있다는 말을 허허 하고 웃고 넘기다 깜빡 잊을
뻔했다. 그 안에 꼬인 실타래를 풀어야 한다는 사실을 말이다.
과연 여자만 수다스러운가? 남자들은 결코 수다스럽지 않은
가? 실제로 여자들이 더 수다스럽다면 정말 그 이유가 궁금하
지 않은가?

하나, 여자는 말이 통하지 않는 남편 때문에 수다로 접시를
깬다.
남녀를 막론하고, 산다는 것은 하루에도 수차례씩 골치 아픈
일을 해결하며 시간을 견뎌내야 함을 의미한다. 나를 귀찮게 하
는 주문들은 끊이지 않고, 내가 챙겨야 할 일들은 넘쳐난다. 매
일같이 전투를 벌이듯 힘겹게 살아가는데도 나의 수고로움을
당연히 여기는 사람들 때문에 더 큰 스트레스를 받기도 한다.
가족 내에서도, 직장 내에서도 나보다 더 높은 곳에 자리한다는
이유만으로 예의에 어긋나는 행동을 하는 사람들을 언제까지

참아줘야 하는 건지 한숨만 나온다.

이럴 때면 누군가에게 자신의 고민거리를 털어놓고 싶은 마음이 들기 마련이다. 여자의 경우 사랑하는 남자가 생기면 즐거운 일뿐만 아니라 고민거리도 공유하고 싶어진다. 자신의 치부를 감추고 싶었던 연애시절에야 나쁜 일들은 이야기하지 않을 때가 많았지만, 결혼을 한 후에는 상황이 달라진다. 잠자리에 들기 전 맥주 한 캔을 앞에 두고 남편과 오늘 일어났던 일들에 대한 이야기를 나누며 하루의 힘겨움을 털어내고 남편이 자신이 감정을 공감해주기를 바라는 것이다. 그리고 "정말 화가 났겠구나", "나라도 참을 수 없었을 거야"라는 표현을 통해 자신의 감정을 이해하고 있음을 드러내주기를 원한다. 이런 식의 말들은 그가 아내에게 공감하고 있음을 입증해준다.

하지만 불행히도 여자는 남자에게서 본인이 원하는 방식의 공감을 이끌어내기 어려울 때가 많다. 두 사람이 마주 앉아 대화를 하고 있는 것은 분명한데, 남녀의 대화방법이 다른 탓에 대화의 목적과 기능을 완전히 역행할 때가 많다.

"내 상황이 좋지 않으니 내 마음을 좀 이해해줘."

여자가 대화 도중에 이런 속마음을 담아 보내면,

"그래서 나한테 뭘 바라는 건데? 내가 어떻게 해주면 돼?"

남자는 이렇게 대답해버리고,

"내가 뭘 해달랬어? 당신한테 말한 내가 미쳤지."

여자가 눈을 흘기며 쏘아붙이면,

"항상 이런 식이지. 그러니까 나한테 말하지 마."

남자는 투덜거리며 방으로 들어가 버린다.

원래 서로의 마음을 이해하고 오해나 갈등 따위를 없애기 위해 대화를 하는 것인데, 대화를 하며 서로의 마음을 오해하고 갈등을 심화시키게 되는 일이 부지기수다. 그토록 오랜 시간을 서로 의지하며 살아왔건만 상대방의 속마음을 그리도 읽어내지 못하는 것은 참으로 미스터리하기만 하다.

결국 남편에게서 자신의 상황과 감정을 이해받지 못한 여자들은 대화상대를 밖에서 찾을 수밖에 없다. 오래된 친구들이나 처지가 비슷한 사람들을 만나 이야기를 나누다 보면(물론 그들은 여자다) 특별한 해결책을 찾아낸 것도 아닌데 절로 마음이 풀리는 것을 느끼게 된다. 그것은 바로 '맞장구' 때문이다. 아주 오랜만에 값비싼 물건을 갖게 되었을 때 그것을 알아봐 주고 부러워해 주는 맞장구, 직장에서 동료들과의 갈등 때문에 퇴사하고 싶은 마음이 굴뚝같을 때 동료들을 마구 욕해주는 맞장구, 병원에 다니는데도 몸 아픈 게 잘 낫지 않을 때 같이 걱정해 주는 맞장구, 명절 동안 참느라 죽을 맛이었던 시댁 식구들의 이기적인 태도를 꼬집고 싶을 때 더 황당한 사례를 전해줌으로

써 내 상황이 차라리 낫다고 느끼게 해주는 맞장구. 늘어놓고 보면 정말 아무것도 아닌 맞장구처럼 보이지만, 이런 식의 수다는 엄청난 수준의 공감기술이다. 그리고 수다의 종착역에는 자존감 회복이 기다리고 있다. 수다를 마치고 집으로 돌아가는 길에 대단한 해결책을 끌어안고 가는 일은 별로 없지만, 발걸음이 한결 가벼워지는 것만큼은 확실하다.

물론 극한 수다의 끝에 접시가 깨질 정도로 시끄럽다는 오명이 뒤를 쫓을 때도 있지만, 두어 시간 수다 떠는 것으로 스트레스 풀고 자존감도 찾을 수 있다면 접시 몇 개 깨진다고 뭐 그리 대수일까.

둘, 남자는 말이 통하지 않는 아내 때문에 분풀이로 접시를 깬다.

연애를 할 때 남자는 설령 여자의 어떤 부분이 자신과 맞지 않는다고 해도 최대한 맞춰주려 애썼다. 정확히 말하자면 여자의 불만이나 요구사항을 제대로 파악하지 못했을 때도 알고 있는 것처럼 대충 넘어갔다. 하지만 결혼 이후에는 상황이 달라진다. 함께 생활하는 시간이 오래되었음에도 서로 다른 언어로 말하는 것 같은 느낌을 종종 받게 된다. 그러면 상대방의 의도를 파악하지 못했음을 대놓고 드러내기도 하고 때로는 불필요한 이야기를 들을 필요가 있을까, 하는 불만을 온몸으로 표현하기도 한다.

특히나 남자들은 일상 속에서 일어난 소소한 이야기들을 왜 그렇게 다 늘어놓는 것인지, 극히 개인적인 일들을 왜 서로 이야기하는 것인지 그 필요성을 잘 느끼지 못할 뿐만 아니라 그런 일에 익숙하지도 않다. 어떠한 모임을 가더라도 재테크건 스포츠건 대화의 주제는 일정한 범위를 크게 벗어나지 않는다. 그런 터라 일상의 잔뿌리들을 타인과 공유하고 공감의 과정을 거치는 여자들의 대화방식이 별로 마땅치 않게 여겨진다. 게다가 대화의 목적 자체가 다를 때가 많다.

일과를 마치고 돌아온 그에게 여자가 오늘 일어난 일을 이야기하며 불만을 털어놓으면,

'그러니까 내게 해결방법을 원하는 거지?'

남자는 문제 상황을 인지하자마자 해결책을 찾을 방법을 고민한다.

"왜 내 마음을 몰라?"

여자가 어이없다는 표정으로 공격해오면,

"지금 해결하려고 애쓰는 중이잖아. 더 이상 어떻게 하라고?"

남자는 여자가 채근한다고 생각해 기분이 언짢아진다.

남자는 여자에게 믿을 만한 의지처가 되고 싶고 그 능력을

인정받고 싶다. 그런데 대화방식이 다른 관계로 순식간에 무능력한 사람으로 전락한 느낌을 받을 때가 종종 있다. 그러면 기분이 몹시 나빠지며 분노가 급상승하기도 한다.

두 남녀가 만나 종족 보존의 의무를 충실히 수행하면서 동반자로서 잘 살아가는 일은 생각보다 힘들다. 시간이 지날수록 서로 대화가 통하기보다는 단단히 굳어버린 사고 체계와 바늘 끝도 안 들어갈 고집 때문에 갈등은 심해지고, 결국 술안주를 담았던 접시는 공중으로 날아다니기에 이른다.

여자는 수다를 통해 서로를 이해하고 공감하고 싶어 하지만 남자는 말하지 않아도 되는 사이를 원한다. 그래도 서로 대화의 방식, 수다의 방식이 맞지 않는다고 해서 화내고 싸우는 것으로 대단원의 막을 내려서는 안 된다. 힘겨운 하루 일을 마치고 집으로 돌아왔는데 아무도 내게 말을 걸어주지 않는다고 생각해보자. 그처럼 끔찍한 일은 또 없다. 서로의 빈자리, 싸늘한 적막감이 얼마나 무섭고 시린지 통감한 경험이 있다면 조금씩 양보하고 배려하는 노력이 필요하지 않을까. 적어도 여자가 던진 접시를 남자가 받아주려 애쓰는 모습이라도 보여준다면 집 밖의 다른 곳에서 접시가 깨질 일도, 대화를 끝마치기도 전에 접시가 날아다니는 일도 없지 않을까.

여자 또한 대화 방식과 성격의 차이점을 이해하고 받아들이

도록 노력해야 한다. 폭포수처럼 이야기를 쏟아낸 뒤 그가 공감해주기만을 바라기보다는 남자가 원하는 방식으로 수다를 펼침으로써 그를 대화 속에 동참하게 유도하는 것이 현명하지 않을까.

마침내 두 사람이 접시를 깨는 방법이 같아지면 모두가 행복해질 수 있다.

커피

세상에서 가장 흔하게 남용되는 약물은 무엇일까.

생각해보니 오늘 하루도 무심결에 꽤나 많은 약물을 섭취했다. 여기저기 중독자들이 길거리를 활보한다. 때로는 밥값보다 비싼 돈을 치러야 하지만 지갑을 여는 손길은 낳실 기색이 없다. 거리마다 약물을 파는 가게가 넘쳐나고 광고는 쏟아져 나오니, 중독자는 매일같이 늘어난다. 하지만 이를 제재하는 사람은 아무도 없다. 언제나, 어디서나, 아무런 말도 필요 없이 따뜻한 온기로, 감미로운 향기로, 쌉싸름한 맛으로 우리를 위로해주는데 누가 감히 싫다 말할 수 있겠는가. 덕분에 우리는 모두 카페인 중독자가 되었다. 지금은 커피 권하는 사회다.

아주 먼 과거, 그러니까 기원전 6세기 무렵 카페인에 중독되어 밤마다 날뛰던 에티오피아 염소들이 있었다. 평소에는 아주 얌전한 놈들이었다. 그런데 언제부턴가 흥분한 상태로 잠을 이루지 못하는 것이었다. 호기심 어린 눈으로 이를 지켜본 목동 칼디는 그 비밀이 염소들이 뜯어 먹은 붉은 열매에 있다는 사실을 알아챘다. 그래서 자신이 직접 그 열매를 따서 먹어 보았는데, 놀랍게도 머리가 맑아지고 몸이 가벼워지는 것 같았다. 그는 곧바로 근처 수도원의 승려들에게 이 사실을 알렸다. 승려들은 이 열매가 악마와 관련이 있는 게 아닐까 생각했지만, 막상 먹어보니 피로가 사라지고 정신이 맑아지는 효과를 느끼게 되었다. 오랜 시간 기도를 할 때면 쏟아지는 졸음과 싸우는 일이 많았는데, 이 열매를 섭취한 이후로는 졸음의 고통으로부터 상당 부분 벗어날 수 있었다.

이것이 커피의 기원으로 가장 널리 알려진 이야기다. 그래서인지 우리나라를 비롯한 세계 곳곳에는 목동 칼디의 이름을 딴 커피하우스가 꽤나 많다. 혹시라도 여행 중에 칼디 커피하우스를 발견한다면 염소 옆에서 붉은 열매를 따 먹던 목동의 모습을 떠올려보길. 덧붙여 재미있는 사실 하나는 이때만 해도 커피콩을 볶고 빻아서 빵에 발라 먹기도 했다는 것인데, 그 맛이 어땠을지 궁금해진다.

이후 커피는 아프리카 에티오피아에서 아라비아 반도의 예멘을 거쳐 이슬람의 성지인 메카로 전해졌다. 커피가 전 세계에 전파된 데는 아랍인들의 역할이 컸다. 또한 위대한 발견의 대부분이 그렇듯 이 또한 실수에서 비롯했다. 평소 아랍인들은 불을 이용해 커피를 건조했다. 그러던 어느 날 생각지도 않게 커피를 볶게 되었는데 그 향과 맛이 매우 좋다는 사실을 알게 되었다. 커피 가게에서 새어 나오는 부드럽고 감미로운 커피 향을 떠올려보면 당시 사람들이 커피에 얼마나 매료되었을 것인가를 추측하기란 어려운 일이 아니지 싶다. 게다가 이슬람 세계에서는 술이 금기였기 때문에 커피가 그 빈자리를 채우기에 진히 부족함이 없었다. 여러 가지 이유로 커피를 반대하는 사람들이 있었지만 술턴마저 커피의 매력에 빠지는 바람에 커피는 더욱 빠른 속도로 보급될 수 있었다. 이후 커피는 십자군 선생을 거치며 유럽으로 전파되었다. 성전을 이유로 이슬람 세계에 칼을 겨눈 유럽의 병사들은 커피의 향과 맛에 반하지 않을 수 없었다.

반면 커피를 처음 접한 유럽인들의 거부반응은 심했다. 종교적인 이유로 인해 이슬람에서 건너온 커피를 '악마의 음료'이자 '사악한 검은 나무의 썩은 물'이라고 부르며 철저히 배척했다. 하지만 한 모금이라도 커피를 마셔본 사람들은 커피를 사랑하지 않을 수 없었다. 그러자 난감한 상황이 벌어졌다. 종교적으로는 절대 마셔서는 안 될 것 같은데 개인적으로는 마시고 싶어 죽을 지경이 된 것이다. 이렇게 갈등하던 이들에게 시원한 해답을 제시해준 이는 교황 클레멘트 8세였다. 커피의 진한 매력에 빠져버린 교황은 '이렇게 좋은 것을 이슬람 놈들만 마시게 해서는 절대 안 된다'며 커피에 축복을 내렸다. 이리하여 아는 사람들 사이에서만 전해지던 커피 문화는 유럽 전역에 빠른 속도로 퍼져 나가게 되었다.

커피는 악마처럼 검고, 지옥처럼 뜨겁고, 천사처럼 순수하며, 사랑처럼 달콤하다.

- 탈레랑

이후로 수많은 예술가들이 커피에 대한 예찬론을 쏟아냈다. 사랑받는 음악가인 바흐^{Bach}도, 베토벤^{Beethoven}도, 브람스^{Brahms}도 모두 커피를 격하게 사랑했다. 바흐가 살았던 18세기 독일의 라이프치히 사람들도 커피에 빠져 있었다. 그들에게 있어 커피는 삶의 일부였기에, 삼삼오오 커피하우스에 모여 앉아 이야기를 나누며 커피를 마셨다. 칸타타의 절정기를 이룩한 바흐의 매혹적인 〈커피 칸타타〉는 커피하우스에서 공연하기 위해 만들어진 작품이다. 실내 칸타타의 극적 특징을 잘 보여주는 이 작품 덕분에 바흐는 커피 애호가로 더 유명해졌다.

작품 속의 아버지 슐렌드리안은 커피를 좋아하는 딸 리스헨이 너무나 못마땅해 커피를 마시지 말라고 충고한다. 하지만 리스헨은 하루에 커피를 세 번 마시지 않으면 죽을 것 같다고 말한다.

아! 맛있는 커피! 천 번의 키스보다 황홀하고 머스카텔 포도주보다 달콤해요! 커피가 없으면 나를 기쁘게 할 방법이 없답니다. 내가 원할 때 커피를 마실 수 있는 자유를 약속하고 보장하지 않는다면 그 어떤 구혼자라도 내 집에 올 필요가 없어요.

이 작품은 커피에 대한 그 시대의 반응을 바흐만의 유머와 위트로 잘 녹여내고 있다. 재미있게도 당시에는 커피하우스에 여자가 출입할 수 없었기 때문에 리스헨 역할을 남자 가수가 가싱으로 불렀다고 한다.

베토벤의 커피 사랑도 빼놓을 수 없다. 다양한 종류의 원두를 모으는 것은 기본이요, 커피 한 잔을 만들기 위해 커피콩을 정확히 60알만 세어서 넣었다고 하니 그 맛이 궁금해서라도 한 번쯤 그렇게 만들어봐야겠다는 생각이 든다. 브람스도 새벽에 눈을 뜨면 악보 종이와 함께 커피 추출기를 챙길 정도로 커피를 즐겼다. 또한 자기만큼 향이 짙은 커피를 끓일 수 있는 사람은 없다고 말하며 하인에게 커피 끓이는 일을 맡기지 않았다고 하니, 커피에 대한 사랑에 예술가의 고집까지 느껴지는 대목이다.

커피의 매력에서 헤어나지 못한 것이 어디 음악가들뿐일까. 프랑스 사실주의 문학의 거장, 발자크Balzac는 하루에 50잔이 넘는 커피를 마셨다. 100잔 가까이 마셨다는 이야기도 있다. 그는 20대에 시작한 인쇄업이 실패하는 바람에 많은 빚을 떠안게 되었다. 하지만 사랑하는 여인 에블린 한스카와 결혼하기 위해 반드시 돈을 벌어야만 했고, 그래서 하루 15시간 이상씩 글을 썼다. 잠을 자지 않고 작품을 쓰기 위해서는 반드시 커피가 필요했으니, 그야말로 생계형 커피 마니아였던 것이다. 그런데 그 정도의 양을 마시려면 단순히 잠을 쫓기 위해서라기보다는 정말 커피를 좋아해야 가능한 일이었을 것이다. 말만 들어도 속이 쓰릴 지경인데, 평생토록 마신 커피가 5만 잔이 넘는다니 말 다했다. 결국 발자크는 오래도록 위장병에 시달리다 카페인 과다 복용으로 인한 심장마비로 사망하고 말았다. 안타깝게도 그토록 사랑하던 여인과 결혼한 지 5개월만의 일이었다. 사랑을 위해 커피를 마셨으나, 커피로 인해 사랑을 잃어버린 것이다.

프랑스의 실존주의 철학자 사르트르Sartre도 매일같이 파리 생제르맹의 카페 레 뒤마고나 카페 플로르를 찾았다. 그는 커피 한 잔을 앞에 두고 작은 테이블 두 개를 붙여놓은 채로 몇 시간 동안이나 글을 썼다고 한다. 요즘 기준으로 보면 별다방, 콩다방에서 쫓겨나기 딱 좋은 손님이었겠지만, 당시 파리의 카페들은 문인들과 지성인들의 집합소로 유명했으니 그 가치는 돈으로 환산하기 힘들다. 현재까지도 그들이 들렀던 카페는 지성인들의 향기를 추억하고자 하는 여행객들을 위해 여전히 커피를 추출하는 중이다. 파리는 물론이요, 유럽의 도시 곳곳에도 오래된 카페들이 수백 년의 역사를 고스란히 품은 채로 남아 있는 것을 보면 참으로 부럽기 그지없다. 사랑하고 존경하는 예술가의 손길이 닿은 손때 묻은 탁자에 앉아 커피를 마시는 것만으로도 그들을 만난 듯 행복하기 때문이다.

그만큼 오래되지는 않았지만, 내 기억 속에도 그런 카페가 하나 있다. 그곳은 지금도 카페라는 명칭보다는 커피집이나 다방으로 불러야 어울린다. 혜화동 길가, 낡은 나무계단을 올라서면 그 순간 발걸음은 과거로 향하는 것만 같다. 1956년 문을 연 이후, 그곳은 60년대부터 80년대까지 힘겨웠던 역사의 소용돌이를 피 끓는 젊은이들과 함께 헤쳐 나왔다. 그래서일까, 지금도 다방의 구석진 곳에서 뿌연 담배연기를 내뿜고, 격하게 민주주의를 논하며, 청춘을 내던진 젊은이의 열정이 살아 숨 쉬고 있는 것만 같다. 그로부터 또 많은 시간이 흘렀다. 문인과 신문기자들이 많이 찾는다는 다방 안에는 여전히 LP판이 돌아가며 먼지 낀 소리를 낸다. 청춘을 추억하는 노년의 신사부터 프랜차이즈 카페를 피해 들어온 20대 젊은이까지, 손때가 묻어 반질거리는 나무탁자 앞에서 하얗기만 한 커피 잔에 담긴 아메리카노를 마신다.

나 역시 그곳의 낡은 소파에 앉아 그 투박한 공간을 소개해 주었던 사람과, 그곳을 사랑했던 사람들과, 그들과 나누었던 대화를 떠올리며 행복했던 과거를 회상하는 것을 즐겼다. 삶이 버겁게 느껴질 때면 커피 한 잔을 마시며 한숨을 돌린다. 그러면 다시 살아갈 힘이 생겨나곤 했다. 제발이지 이런저런 이유에 떠밀려 이러한 곳이 사라지지 않기를, 10년 후에 다시 그곳을 찾아도 그대로 남아 있어주길 간절히 바라는 마음이다.

요새 길거리에 커피 전문점들이 눈에 띄게 늘었다. 이제는 주택가 골목에서도 작은 규모의 커피집을 발견하기란 그리 어렵지 않다. 그만큼 커피를 즐기고 사랑하는 사람이 많아졌음을 뜻하는 게 아니겠는가. 나를 비롯해 커피를 마셔야 하루 일과를 제정신으로 시작할 수 있다는 사람들이 꽤나 많다. 그것은 분명 정신을 집중시키고 피로를 회복시키는 커피의 효능 때문일 것이다. 게다가 커피는 하루에 두 잔에서 네 잔 정도를 마시면 우울증을 5분의 1이나 감소시켜 준다고 한다. 하루 종일 스트레스의 맹공 속에 살아가는 현대인들에게 다행스러운 소식이다. 밥값보다 비싼 커피든, 자판기에서 뽑은 커피든 상관없다. 혼자든 여럿이든 상관없다. 커피를 마시는 그 순간만큼은 마음의 짐을 잠시 내려놓고 그 짧은 시간을 그저 즐기면 되는 일이다.

복권

상황 하나,

협의 이혼 후 재산분할 문제로 소송 중인 부부가 있다. 이 소송에서 가장 뜨거운 감자는 몇 개월 전 남편이 수령한 복권 당첨금을 어떻게 배분하느냐의 여부다. 아내는 당첨금을 반반으로 나누어야 한다고 주장했다. 이혼 전에 형성된 자산이니만큼 자신에게도 권리가 있다는 것이다. 하지만 남편은 자신의 돈으로 산 복권이므로 아내에게 권리가 없다고 맞섰다. 이 경우 당첨금은 아내의 말대로 반반으로 나누어야 하는 것일까, 남편의 말대로 나눠줄 필요가 없는 것일까.

상황 둘,

헤어진 어린 연인이 소송에 휘말렸다. 몇 개월 전, 두 사람은 여자의 돈으로 복권판매소에서 천 원짜리 즉석복권 다섯 장을 사서 나눠 긁었고, 그중 한 장이 5천 원에 당첨되었다. 남자는 곧바로 당첨된 복권을 즉석복권 다섯 장으로 바꾸었는데 남자가 긁은 복권 중 한 장이 5억 원에 당첨되었다. 이후 두 사람은 헤어졌고, 남자는 여자에게 1,500만 원만 주었다. 여자는 애초에 자신의 돈으로 복권을 샀으므로 당첨금에 대한 권리가 더 많다며 남자를 고소했다. 최초로 돈을 낸 사람과 긁은 사람 중에 누구에게 더 많은 권리가 있는 것일까.

하루에 벼락을 두세 번 얻어맞고, 달려오는 차에 치인 뒤, 독사에게 물려도 살아남을 확률!

그 어마어마한 확률로 복권에 당첨이 되었을 때까지만 해도 이렇게 어이없는 사태가 발생하게 될 줄은 꿈에도 몰랐을 것이다. 인생지사 새옹지마라 했던가. 뜻밖의 행운을 거머쥔 기쁨도 잠시, 골치 아픈 소송에 시달리게 되었으니 말이다. 사랑을 놓치고 진흙탕 싸움을 해야 하는 것이 안타깝기는 하지만, 그래도 그만한 거액이 남았으니 그게 어디냐고 생각한다면 너무 속물 같은가.

이런 사건들을 접할 때마다 사람들은 만약 나라면 어떻게 반응했을까를 두고 설전을 벌이곤 한다. 첫 번째 상황의 경우,

아내의 입장에 서면 부부의 인연을 맺고 있는 동안 재산으로 합해진 당첨금의 반액을 요구하는 것이 합당한 듯하고, 남편의 입장에 서면 복권 당첨금은 아내의 노력과는 전혀 상관없이 형성된 재산이므로 아내의 요구는 부당하게 느껴지기도 한다. 게다가 헤어진 아내가 아닌가! 과연 재판부는 어떤 판결을 내렸을까.

"재산의 형성과 유지에 적극적으로 협력한 경우에만 재산분할의 대상이 되므로, 복권 당첨금의 경우 공동협력에 의한 재산으로 볼 수 없다. 그러므로 남편은 아내에게 당첨금을 나눠줄 의무가 없다."

두 번째 상황은 더욱 복잡하다. 연인끼리 5천 원 정도의 소액은 누가 내도 상관없는 돈이었다. 하지만 문제는 여기서부터 꼬이기 시작했다. 돈은 여자가 냈고 복권은 나눠 긁었으며 남자가 긁은 복권이 당첨되었다. 이에 대한 법원의 판단은 이렇다.

"1등에 당첨될 것을 예상치 못한 상태에서 여러 장의 복권을 나눠 긁은 점, 여자친구의 돈으로 복권을 구입한 점 등으로 미루어 여자에게 더 많은 몫을 줘야 한다."

아무래도 복권은 아무도 없는 밀실에서 혼자 몰래 맞춰보든지, 당첨되었을 경우 돈을 어떻게 분배할 것인가에 대해 미리 각서라도 써둬야 할 모양이다. 생각지도 않게 엄청난 거금을 쥐었으니 그 정도 돈은 남들에게 써도 되지 않겠냐 말하겠지만, 돈은 생각보다 의뭉스럽고 냉정하며 무서운 힘을 발휘하니까.

로또가 우리나라에 처음 등장했을 때 사람들은 삼삼오오 모여 이런 약속들을 했다.

"1등에 당첨되면 여기 있는 사람들한테 대형차 한 대씩 사줄게!"

그런데 패기 있는 목소리의 울림이 채 사라지기도 전에 복권에 당첨되었다면? 그때 그 자리에 있던 예닐곱 명의 사람들 모두에게(그중에는 친하지 않은 사람도 있다) 호기롭게 차를 사줄 사람은 과연 몇이나 될까. 만약 차를 사 주기 싫어서 복권에 당첨된 사실을 숨기다 나중에 밝혀지게 되었을 때 그 자리에 있던 사람 중 한 명이 약속 불이행을 이유로 소송을 걸기라도 하면 어떡할까. '설마' 하는 상황이 사람을 잡는 경우는 허다하다. 특히나 수백억의 돈 앞에서는 더욱 그렇다.

당첨의 기쁨을 즐기기도 전에 죽음을 맞이하는 사람들의 이야기는 언론을 통해 심심치 않게 접할 수 있다. 100만 달러 복권에 당첨된 미국의 40대 남성은 상금을 수령한 다음 날 갑작스럽게 사망했다. 매장했던 시신을 다시 꺼내 부검하는 우여

곡절 끝에 그가 청산가리 중독으로 죽음에 이르렀다는 사실이 밝혀졌다.

평범한 가장으로 살다 161억 원의 복권에 당첨된 영국의 한 남성은 갑작스런 상황변화에 따른 스트레스를 견디지 못하고 자살했다. 돈을 달라고 매달리거나 협박하는 사람들과 주위를 맴돌며 어디든 따라다니는 도둑들 때문에 그는 경호원이 없이는 마음대로 바깥출입도 못하는 신세가 되었고, 결국 '매일같이 돈 쓰는 게 지겹고 주변 사람들을 믿지 못하게 되어 슬프다'는 말을 남긴 채 스스로 세상을 버렸다.

그런데
비록 그렇다 하더라도,
그런 슬픔을 겪어야 한다고 하더라도

복권 한번 당첨되어 봤으면 좋겠다는 생각이 바로 지금 머릿속을 스치고 지나지는 않았는가? 나라면 아무도 모르게 그 돈을 가지고 잘 살아갈 수 있을 것 같은데, 라는 생각도 함께!

흥미롭게도, 당첨이라는 행운을 꿈꾸는 사람은 생각보다 아주 오래전부터 존재했다. 무려 3천 년 전 고대 이집트 파라오 시대에 복권과 비슷한 방식의 게임이 있었다고 하니 놀라울

따름이다. BC 100년경, 중국 진나라에서는 만리장성을 건립하는 비용을 조달하기 위해 키노라는 복권 게임을 시행했다. 기원전 1세기, 로마의 아우구스투스 황제도 천재지변과 전쟁으로 피폐해진 로마를 복구할 자금을 마련하기 위해 복권을 판매했다. 그런데 이 당시에는 현금이 아닌 노예나 집, 배를 주었다고 한다.

그 이름도 유명한 로또^{lotto}는 1530년 이탈리아의 피렌체에서 등장했다. 90개의 숫자 중 다섯 개를 뽑아내는 번호추첨식 복권으로, 당첨금을 현금으로 지급하는 방식이라 현대 복권의 시초라 할 수 있다. 행운을 뜻하는 로또가 복권을 대표하는 단어로 사용되기 시작한 것 또한 이때부터라 할 수 있다. 역시나 경제적으로 번성했던 도시답다는 생각을 하지 않을 수 없다.

여기에 흥미로운 사실 한 가지, 바람둥이로 유명한 카사노바도 복권과 관련이 깊다고 한다. 수백 명의 여자들과 염문을 뿌린 탓에 유랑생활을 해야 했던 그는, 마침내 프랑스로 발걸음을 옮겼다. 당시 프랑스의 왕 루이 15세는 재정문제로 골치를 썩고 있었는데, 카사노바는 왕의 고민을 한방에 날려주었다. 그 해결책은 다름 아닌 복권! 복권은 당시 사람들에게 엄청난 호응을 불러 일으켰다. 무려 200만 프랑의 매출에 60만 프랑의 순이익을 볼 정도였다 하니 당시 분위기를 쉽게 짐작할 수 있겠다. 영악한 카사노바 자신도 이 사업에 투자해 1만 프랑의 이익을 보았다고 한다. 그를 단순한 바람둥이가 아닌 머리가 비상한 사업가로 기억해야 한다는 말이 맞는 듯싶다.

　우리나라 최초의 근대적 복권은 1947년에 발행된 올림픽 후원권이었다. 1948년 런던 올림픽에 참가할 선수단의 경비를 충당하기 위한 것으로 장당 100원에 판매되었으며 1등 상금은 100만 원이었다. 못 먹고 못살던 시절에 복권이 무려 100만 장이나 팔린 데는 거액의 당첨금도 한몫을 했겠지만, 해방 이후 태극기를 앞세우고 국제무대에 나가게 되는 선수들에 대한 애정과 자랑스러움도 큰 몫을 담당하지 않았을까 싶다. 이후 재원을 마련할 일이 있을 때마다 복권은 수시로 발행되었고, 1969년부터는 정기적인 형태의 복권인 주택복권이 등장했다.
　"준비하시고 쏘세요!"
　진행자의 말이 떨어지기가 무섭게 화살은 과녁을 향해 날아갔고, 사람들은 가슴을 졸이며 복권을 더욱 꽉 움켜쥐었다. 복권방송을 하는 날 비바람이 치기라도 하면 안테나가 심하게 흔들려 텔레비전 화면이 제대로 나오지 않을까 봐 방송이 시작되기 10분 전부터 부산하게 움직였던 기억도 생생하다. 가족 중 누군가가 좋은 꿈을 꾸기라도 한 날에는, 내가 벼락을 세 번 맞을 확률 따위를 생각하기보다는 3천만 원의 돈이 생긴다면 우리 부모님이 나에게 어떤 선물을 해줄까를 상상하기에 더 바빴다. 물론 당첨금을 받는 기적은 당시 초등학생이었던 내가 간첩을 맨손으로 때려잡아 포상금을 받는 기적만큼이나 요원한 일이었지만.

이후로 수많은 종류의 복권들이 줄기차게 주택복권의 뒤를 이었다. 누가 뭐래도 그중 으뜸은 2002년 12월에 등장한 로또복권이다. 수십 억 혹은 수백억을 단번에 거머쥘 수 있는 수단이 우리나라에 등장한 것은 아마도 처음이었을 것이다. 814만 분의 1의 확률이 어디 그리 쉬운 줄 아느냐는 비아냥거림은 무시한 채로, 가장 적은 돈을 투자해 수만 배 이상의 이득을 보는 일에 사람들은 불나방처럼 몰려들었다. 토요일 저녁 8시가 되기 전에 로또 판매점을 찾아다니는 사람들도 흔하게 볼 수 있었다. 초기에 비해 많이 시들해졌다고는 하지만, 그래도 여전히 사람들은 토요일 저녁이 되면 무언가를 사야 할 것만 같은 충동과 초조함에 시달린다. 그 마음을 대변이라도 하듯 복권 매출은 이미 년 3조를 넘어섰다.

이처럼 복권의 범위가 넓어지고 상금 액면가도 높아지면서 국가가 나서서 사행성을 조장하는 것이 아닌가, 복권이 도박과 같은 폐해를 가지고 오는 것이 아닌가, 하는 우려의 목소리가 커졌다. 복권이 사람들 안에 웅크리고 있는 사행심을 철저히 이용하고 조장하는 것은 분명한 사실이다. 퀭한 눈을 하고 박

박 긁어모은 돈을 꼭 쥔 채 도박장이나 경마장으로 미친 듯이 달려가는 것과는 그 양상이 확연히 다르지만, 복권은 분명 묘한 중독성을 갖고 있다. 다만 실제로 한 사람이 복권에 쓰는 돈이 그리 크지 않다는 점, 복권 때문에 패가망신할 정도로 돈을 쏟아붓는 경우는 거의 없다는 점, 무엇보다 강제적인 수단인 세금을 통해 재원을 마련하는 것보다는 조세저항이 덜하다는 점 때문에 복권제도는 지금까지 유지될 수 있었다. 이러한 점을 잘 알고 있는 국가는(동서고금을 막론하고) 영악하게도 국민들의 사행심을 교묘히 이용하며 복권사업의 줄타기를 잘해 오고 있다. '복권기금은 주거안정사업, 국가유공자 복지사업, 소외계층 복지사업 등 각종 공익사업에 쓰입니다'라는 말은 복권의 사행성을 떠올리기 힘들 정도로 꽤나 그럴듯하게 들리기까지 한다. 미국의 경우 프린스턴이나 하버드, 예일 등의 명문대도 복권으로 마련된 기금의 힘으로 설립될 수 있었다 하니 이쯤 되면 복권을 자주 사는 사람은 마치 기부를 하는 것 같은 착각에 빠질 수도 있겠다.

만약 우리의 삶이 여유롭고 아쉬울 게 없다면 굳이 복권을 사서 부자가 되려고 애쓸 이유는 없을 것이다. 내가 사는 이 사회가 한 치의 오차도 없이 공정해서 내가 일한 만큼 정당한 보수를 받고, 성실하고 검소하게 가정경제를 꾸려 부자가 될 수

있다면 말이다. 그렇다면 몇 번쯤이야 복권을 재미로 사볼 수
는 있겠지만 그 흥미가 오래도록 지속되기는 어려울 공산이
크다.

　하지만 우리의 인생은 공평치 못하다. 게다가 그 길에는 징
글맞게 어렵고 힘든 일들이 수시로 등장한다. 그때마다 남루
한 주머니 속 얇은 지갑은 얼마나 원망스러운지. 남들보다 앞
서기는커녕 뒤따라가는 것만으로도 때론 숨이 턱턱 막힌다.
대대로 부자인 집안 돈을 끌어다 쓸 수 있는 것도 아니고, 풍족
하다 싶을 만큼 연봉이 두둑한 것도 아니며, 가족부양에서 자
유롭지도 못하다. 어디 그뿐인가. 사회는 고령화가 가속된다
는데 노동시장은 날이 갈수록 불안하다. 그래서인가 보다. 씁
쓸하게도 부자보다는 서민이, 고학력자보다는 저학력자가 복
권을 더 많이 구입한다고 한다.
　그렇게 사람들은 복권에서 희망을 찾는다. 그 희망이 멀고
도 먼 미지의, 신비의 세계 속에 존재한다고 해도 말이다. 나의
모든 고민들을 한 방에 날려줄 강한 힘을 가진 것은 복권밖에
없다는 생각을 버리기는 힘들다. 배고픈 나의 주머니에 꼬깃
꼬깃 접힌 천 원짜리 한 장이 달랑 남아 있을 때, 가게에서 빵
한 봉지를 고르기보다는 혹시 모를 행운을 꿈꾸며 복권으로
손을 내밀게 된다면, 그것은 오늘도 스스로가 희망고문을 선택

했음을 의미한다.

뭐, 그렇다 한들 또 어떤가. 수십억의 돈을 갖게 된다면 그 돈으로 무엇을 할까 상상하고 때론 심각하게 고민하는 것만으로도 즐거운 시간을 보냈으면 됐다. 비록 잠시지만, 나는 겁나게 높은 빌딩의 주인이 되기도 하고 정원이 잘 가꿔진 전원주택에서 여유를 즐기는 사람이 되기도 하며 전 세계를 누비고 다니는 여행가가 되었다가 어려운 이웃을 돕는 맘씨 좋은 자선사업가로 변신해가며 현실을 잊는다. 게다가 당첨되지 않았디고 해서 땅을 치고 통곡할 사람은 없다. 그저 억세게 운 좋은 누군가가 새로운 부자가 되었겠구나, 그는 부자의 삶을 즐겁게 살아갔으면 좋겠구나, 하고 생각해버리면 그만이다. 매주 복권을 사느라 얇아진 지갑에 속이 쓰리기도 하겠지만, 그래도 그 돈 중 일부가 어려운 사람들을 위해 쓰인다고 하니 나쁠 것도 없다. 게다가 다음 주에도 로또의 공은 놀아살 것 아닌가.

부자가 될 확률이 전혀 없는 것보다 천 원을 투자해 814만 분의 1이라는 확률이라도 갖는 것이 더 낫다. 물론 내가 814만 분의 1의 주인공이 되지 말라는 법도 없으니까.

오늘 밤
망망대해 한가운데 서 있는 내게
조상님들이 단체로 대형선박을 타고 다가와

엽전을 던져주며 덕담을 하고 큰 소리로 숫자를 불러주기를,

내 품 안으로 돼지들이 떼로 뛰어들어 주기를,

온몸에 인분을 잔뜩 묻힌 채로 화장실 안에서 뒹굴게 되기를,

멀리서 날아든 불화살이 내 집을 남김없이 활활 불태워주기를,

그런 꿈을 몽땅 꾸게 되기를 바라본다.

취하다

어떤 기운에 의해 정신이 흐릿해지고 몸도 제대로 가눌 수 없게 되는 것.

무엇에 마음이 쏠려 얼이 빠지다시피 넋을 빼앗기는 것.

취한다는 것은 그것이 무엇이든 깊이 빠져들어 심취한 상태를 말한다. 단순히 술과 같은 알코올 음료 때문에 정신이 맑지 못한 것을 의미할 수도 있고, 첫눈에 반한 이성이나 그 분위기에 정신을 놓아버린 상황을 말하는 것일 수도 있다. 우연히 듣게 된 음악이나 감미롭게 코를 자극하는 향기에 매료된 상태일 수도 있으며, 자연이 이루어낸 아름다운 정취에 젖어든 모습일 수도 있다.

생각해보면 어딘가에 무언가에 열정적으로 취한다는 것은 젊음을 방중하는 것이 아닌가 싶다. 나이가 들어갈수록 사람들은 벅찬 감동을 받거나 감정적으로 흥분된 상태가 오래도록 지속되는 것을 힘겨워 하는 경향이 있기 때문이다. 또 내가 책임져야 할 사람이 많아질수록, 내일을 생각해야 할 일들이 늘어날수록 마음껏 취하기는 부담스럽기만 하다.

하지만 청춘은 다르다. 이성으로 제어가 안 될 정도로 그림이나 음악, 사진이나 음식에 심취했을 때는 자신이 가진 시간과 노력과 돈을 쏟아붓기에 여념이 없다. 나만 바라보는 부양가족이 없을 때는 나 하나만을 위해 공을 들이는 일이 즐겁기만 하다. 한 가지에 빠져 잠시 정신줄을 놓고 있어도 행복하기만 하다. 술이나 분위기에 취해 용감한 건지 바보 같은 건지 분간하기 어려운 일들도 청춘일 때는 뻔뻔스러울 정도로 잘도 해낸다.

매력적인 외모에 취해 처음 보는 이성의 연락처를 무작정 묻는 것이나, 가슴을 울리는 영화를 혼자 보고 나와서는 오래전에 헤어진 첫사랑에게 전화를 거는 일 따위 말이다. 술에 잔뜩 취한 상태로 나를 섭섭하게 만들었던 소개팅 상대에게 밤새도록 수십 통의 전화와 문자를 남겼다가 술에서 깨자마자 머리를 쥐어뜯으며 괴로워하는 일처럼 말이다. 당시에는 쥐구멍에라도 숨고 싶을 정도로 창피해 죽고 싶은 심정이었지만,

시간이 흐르고 나면 그것도 모두 무언가에 홀딱 취했던 젊은 날의 추억에 편입되어 내 삶을 풍요롭게 만드는 일부가 된다.

그래서 취한다는 것은 이성과 질서를 유지하는 아폴론보다 감성과 혼란을 대표하는 디오니소스를 떠올리게 한다. 게다가 디오니소스는 술을 대표하는 신이니 '취함'에 대한 이야기를 하며 그를 언급하지 않을 수는 없다. 사실 알고 보면 수많은 그리스 신들 중에서 디오니소스처럼 비극적인 삶을 살았던 이도 없다.

디오니소스는 신들의 제왕 제우스와 테베의 공주 세멜레 사이에서 태어났다. 제우스의 아내 헤라는 남편 제우스가 인간인 세멜레와 바람을 피운다는 사실을 결코 용납할 수가 없었다. 질투에 눈이 먼 헤라는 세멜레를 잡기 위해 죽음의 덫을 놓았고, 헤라의 고약한 속임수에 빠진 세멜레는 결국 까맣게 타 죽고 말았다. 제우스는 세멜레의 몸에서 여섯 달 된 태아를 재빨리 꺼내 자신의 넓적다리에 넣어 목숨을 구해냈다. 그 아이가 바로 디오니소스다. 그는 님프들에게 디오니소스를 몰래 길러달라고 부탁했지만 번번이 헤라의 계략에 막히고 말았다. 심지어 헤라는 디오니소스에게 광기를 불어넣었고, 디오니소스는 여신 레아가 저주를 풀어줄 때까지 광인의 모습으로 세상을 떠돌아다니며 비극적인 삶을 살아야만 했다.

그러던 어느 날 아주 우연하게도 디오니소스는 으깨져 발효

된 포도가 술이 된다는 사실을 발견했고, 마침내 포도 재배법과 포도주 빚는 법까지 알게 되었다. 그는 여러 나라를 돌아다니며 사람들에게 이 내용을 알려주었고, 사람들은 마시기만 하면 기분이 좋아지고 피곤이 가시는 데다 맛과 향기까지 좋은 포도주에 빠져 디오니소스에 열광했다.

디오니소스에 관한 이야기가 여기서 멈추었다면 좋았으련만! 고향인 테베로 돌아간 디오니소스는 산으로 올라가 축제를 벌였다. 디오니소스가 퍼뜨린 술에 무방비 상태로 노출된 사람들은 몸과 마음을 한순간에 빼앗겨 버렸다. 그들의 이성은 순식간에 마비되고 절제력은 뿌리째 뽑혔다. 테베의 왕 펜테우스는 갑자기 나타난 주정뱅이 하나가 자신의 백성들을 모두 술에 만취하게 만들어버린 것에 분노했다. 펜테우스가 축제를 멈추라 소리치자, 이성을 잃은 채 흥분한 사람들은 왕에게 돌을 던지고 그를 막대기로 때려 죽여버렸다. 사람들의 눈에 왕이 멧돼지로 보였기 때문이다. 이후로 고대 그리스인들은 디오니소스를 기리는 축제를 벌였는데, 실은 신을 기리기보다는 술에 만취해 음탕한 노래와 음란한 행위를 즐기며 광란 상태에 빠지는 것에 더 가까웠다고 한다.

주신 제우스의 아들이라고는 하지만 외롭고 고통스러우며 광기 어린 디오니소스의 삶은, 실은 술의 의미를 함축적으로 보여주고 있다. 그것은 성인이라면 누구나 경험했을 술의 이

중적인 얼굴이다.

처음 술을 마시고 기분 좋은 취함에 이끌려본 사람은 그 맛을 쉽게 잊지 못한다. 요즘이야 술을 접한 시기가 빨라졌다고는 하지만, 대개는 10대 후반에서 20대 초반에 처음으로 술자리를 갖게 된다. 누군가에게는 술이 선물하는 나른함이 즐거움이자 행복이고, 누군가에게는 술에 취한 기억이 고통과 두려움일 수 있다. 하지만 심신이 지쳐 온몸의 에너지가 고갈된 느낌을 받을 때 때론 술이 사람보다도 내 마음을 더 잘 위로해주며 피로에 지친 나를 즐겁게 해준다. 더 나이가 해방감과 안도감을 선물하며 긴장된 내 몸을 무장해제 시키곤 한다. 가끔은 술을 마시고 내면 깊은 곳에 숨겨둔 격정과 열정을 뿜어내는 모습을 보이기도 하는데, 이를 조절하여 잘 버무려낼 줄 아는 사람들 중에 예술가가 많다. 무언가에 화끈하게 취하는 것을 즐길 줄 아는 사람은 자신의 내부에서 타오르는 열정과 욕망을 외부로 분출시킬 준비가 되어 있다 하겠다.

진정 우리 인간의 삶에 술이 없었다면 사는 건 얼마나 밋밋하고 재미없었을까. 데메테르는 인간에게 빵을 선물했고, 아테나는 올리브를 선물함으로써 인간이 건강하고 풍요롭게 생존할 수 있게 도왔지만 인간이 신에게 받은 최고의 선물목록에서 술이 빠질 수는 없는 노릇이다.

하지만 술이 가진 또 다른 얼굴을 간과하는 것은 절대 금물이다. 그 옛날 테베인들이 그러했듯 취함에 이끌려 술을 쾌락이나 현실도피를 위한 도구로만 이용한다면 생각보다 빠른 시간 안에 나 자신이 파괴되는 모습을 목격할 수 있다. 술에는 무서우리만큼 강렬한 광기와 잔인함이 공존하기 때문이다. 술에 취하기만 하면 눈빛이 섬뜩해지고 폭력적으로 변하는 사람들을 만나기란 그리 어렵지 않다. 만취 상태로 가족을 때리고 집기를 부수고 시비를 걸고 온갖 강력 범죄를 저질러놓고 심신미약 상태에서 저지른 일이니 선처해달라고 은근슬쩍 법망을 빠져나가려는 사람들은 또 얼마나 많은가. 술에 빠지면 사람들에게 추앙받는 성인군자라 할지라도 미친개로 변한다고 했다. 예로부터 우리 조상들도 술에 취해 정신이 흐려지고 술주정이 지나치게 되면 몸과 마음의 건강뿐만 아니라 재산마저 몽땅 잃을 수 있음을 경계하는 의미로 술을 광약狂藥이라고 칭했다.

실제로 술에 취하는 현상은 알코올이 뇌를 교란시킨 상태를 의미한다. 술을 마시면 간뿐만 아니라 뇌에서도 신경세포를 보호하기 위해 알코올을 분해하는 효소들이 분주히 활동한다. 그런데 너무 짧은 시간 안에 한정량 이상을 마셔버릴 경우 간도 뇌도 몸을 보호하지 못하는 상황에 이르게 된다. 소뇌로 흡수된 알코올은 사람이 똑바로 걷지 못하고 갈지자로 비틀거리며 걷게 만든다. 어디 그뿐인가. 알코올은 감정 조절 중추에도 영향을 미쳐 감정과잉 상태에 빠뜨려버린다. 술만 마시면 머리를 풀고 울어댄다거나, 아무것도 아닌 일에 옆 사람에게 시비를 건다거나, 이 사람 저 사람에게 전화를 걸어 사랑한다고 했다가 욕지거리를 퍼부었다가 마침내는 전화기를 끌어안고 곯아떨어지는 사람들은 어디에나 존재한다. 어쩌면 우리의 과거의 한 조각도 그런 모습을 한 채 어느 골목 모퉁이에 버려져 있을지도 모른다. 물론 다음 날 아침이 되면 끔찍한 두통과 속쓰림에 시달리게 되고 다시는 과음하지 않겠다고 땅을 치며 후회하지만, 그런 약속이 어디 한두 번인가.

그래도 넘치지만 않는다면 무료한 일상 속에서 가끔씩 취하는 일은 우리들 행복하게 하는 일임이 분명하다. 그렇지 않았다면 술이 인류와 함께 수천 년을 이어져 내려오지 못했을 것이다. 멧돼지를 사냥하던 원시인은 과실주를, 소와 양을 기르던 유목민은 젖으로 만든 술을, 농사를 짓기 시작한 농부는 곡주를 빚어 마시고 하루의 피로를 달랬다. 진짜 재미있는 사실은 인간보다도 술을 먼저 마시기 시작했던 것은 동물이었다는 것이다. 영리한 원숭이들은 술맛을 잊지 못해 자연적으로 술이 만들어질 때를 기다렸다 마시기도 한다. 원래 움푹 팬 웅덩이에 떨어진 과일이 물러져 발효된 것을 먹고 술의 즐거움을 알게 된 것은 디오니소스가 아니라 동물이었다는 것이다. 동물들 역시 먹이를 구하고 맹수를 피하며 살아가야 하는 매일의 스트레스를 술에 취해 풀었는지 모를 일이다.

인생은 무작정 열심히 일하는 것만으로 채워지지 않는다. 가끔씩은 긴장과 속박으로부터 나를 풀어내는 무언가에 자신을 의지하고 싶을 때가 있는데, 그럴 때는 어떠한 종류의 것이든 잠시라도 푹 취해보며 머리끝까지 가득 차오른 스트레스를 날려버리는 것은 어떨까.

맹목적

1. 누군가 망상에 시달리면 정신이상이라고 말한다. 그러나 나수가 망성에 시달리면 종교라고 말한다.　　　—로버트 퍼시그

2. 신앙이란 증거가 없어도, 혹은 증거가 있어도, 맹목적으로 믿는 것이다.　　　—리처드 도킨스

3. 맹목적 : 어떠한 주관이나 원칙이 없이 무조건, 무비판적으로 행동하는 것.

4. 1+2+3 = 맹목적으로 종교에 빠진 사람은 정신이상자다.

정신이상자는 위험하고, 맹목적인 사람도 위험하니, 종교에 맹목적으로 빠진 사람은 치명적인 위험에 노출되어 있다는 말이 된다. 종교인들의 입장에서는 심히 불쾌한 말이 아닐 수 없

다. 아니, 불쾌함을 넘어서 그런 말을 입에 담는 사람을 데려다 훈계를 하든지 흠씬 두들겨 패주고 싶은 마음까지 들지도 모르겠다.

그런데 종교인들의 깊은 신심과는 상관없이 종교를 향한 차가운 시선은 언제나 어느 곳에나 존재해왔다. 안타깝게도 인간의 오감으로는 신의 존재를 확인할 길이 없다. 신은 푸른 하늘 저 멀리, 깊고 깊은 땅 속에, 머나먼 우주 너머, 때로는 깊이를 잴 수도 없는 우리 마음속에 존재하므로 인간이 아무리 눈알을 굴리고 두 팔을 휘저어 봐도 하느님도 부처님도 알라신도 실제로 만나기는 불가능하다. 그러니 과학이 발달하고 근대화가 진행될수록 종교에 대한 부정적인 시각은 나날이 깊고 차가워질 수밖에 없는 노릇이다.

"종교는 아편이다"는 말을 남긴 마르크스Karl Marx는 종교를 비판적인 시각으로 본 대표적인 인물이다. 그에게 있어 종교란 강자가 약자를 쉽게 억압하기 위해 만들어놓은 지배 이데올로기일 뿐이었다. 지배계급은 그들의 이익을 극대화하기 위해 피지배계급이 현실적인 문제에 관심을 갖는 것을 매우 꺼렸다. 고민 끝에 그들은 피지배계급의 시선과 관심을 현실로부터 돌려놓기로 했고, 그 해답으로 종교만 한 것이 없었다. 종교가 제시하는 내세의 유토피아는 현실의 삶 때문에 골치 아팠던 사람들의 마음을 사로잡는 힘이 엄청나게 강하기 때문이었다.

옥스퍼드대학의 석좌교수, 리처드 도킨스Richard Dawkins도 "종교는 세상에 존재하는 수많은 악의 근원 중 하나"라고 꼬집었다. 그에 따르면 신이라는 존재는 집단이 만들어낸 환각일 뿐인데, 그 때문에 인간은 엄청난 비극을 수차례 경험해왔다는 것이다. 만약 종교가 없었다면 중세시대 십자군 전쟁을 비롯해 종교라는 이름으로 자행되어 왔던 마녀사냥처럼, 수많은 사람들이 아무런 명분 없이 죽어가는 일은 없었을 것이라 말한다. 뿐만 아니라 현대의 십자군 전쟁이나 다름없는 기독교 세력과 이슬람 세력 간의 전쟁, 9·11사태, 그리고 세계 곳곳에서 자행되는 자살 테러까지 종교라는 이름을 건 악행은 지금도 이어지고 있다는 것이다. 또 종교라는 이름으로 신분차별과 성차별은 얼마나 무수히 자행되고 있는가.

실제로 종교가 현실 속에서 사회적인 분열과 갈등을 일으키고 있다는 것은 분명한 사실이다. 종교라는 명목 하에 자신들의 경제적 잇속을 챙기려는 강대국의 음모를 찾아내는 것은 차치하고서라도 종교의 배타적인 태도만큼은 비판받아야 할 부분이다.

인간이 사는 곳이라면 어디든지 지역별로 비슷한 형태의 믿음이 존재한다. 그런데 서로 자신의 종교만이 유일하다는 이

분법적 사고는 겉으로는 사랑을 강조하면서도 타 종교만큼은 결코 감싸지 않는 이율배반적인 태도를 보이기 일쑤다. 우리만이 진리라고 외치며 타 종교를 비난하는 태도는 자기중심적이고 배타적인 편견에 가깝다. 그것은 내가 잘났다는 것을 증명하기 위해 타인을 무참히 밟고 올라서려는 이기주의나 다름없다. 믿음을 갖고자 했던 사람들이 종교에서 눈을 돌려버리는 것은 기존 종교인들의 바로 그런 위선에 실망했기 때문이다. 게다가 교주 개인의 이익을 위해 타인의 생명이나 인권, 재산에 해를 입히는 사이비들은 왜 그리도 많은지, 사람을 망치고 가정을 해체시켜 버리는 사건들을 보면서 사람들은 종교에 분노할 수밖에 없다.

그렇다면 정말 종교는 아무짝에도 쓸모가 없는 허상일 뿐인 걸까. 수억 명이 넘는 사람들이 지금 이 시간에도 자신이 믿는 신에게 기도하고 소망하는 것은 진정 헛된 바람일 뿐인 걸까. 그런데 생각해보면 그게 어디 수억 명만의 일이었는가. 우리의 조상, 그리고 그들의 조상, 조상의 조상, 조상의 조상의 조상, 더 위로 올라가보면 닮은 점을 찾기도 어려울 정도의 조상도 하늘과 땅 혹은 나무의 정령에게 복을 내려달라고 정성을 다해 빌고 또 빌었다.

그게 언제인지 제대로 헤아리기도 힘든 원시시대를 들여다

보더라도 수렵의 성공을 기원하는 벽화나 장례문화에 영혼의 개념이 존재함을 알 수 있다. 가족을 위해 사냥에 나선 가장이 안전하게 돌아오기를 바라는 마음, 질 좋은 고기를 배불리 먹을 수 있기를 바라는 마음, 그리고 사랑하는 가족이 죽어서도 편하기를 바라는 마음으로부터 종교는 시작되었을 것이다. 때로는 하늘의 해와 달에, 때로는 가까이 자리한 바위와 나무에, 때로는 희귀하거나 힘세 보이는 동물에 정성을 담아 기도를 올렸다. 인간이 살고 있는 대륙, 나라, 부족이면 어디든지 독특한 토테미즘이나 애니미즘이 존재하는 것을 보면 완전한 존재를 믿고 의지하고자 하는 마음은 인간의 본능과도 같은 것인 모양이다. 그렇게 시작한 종교는 시간이 흐르고 인간의 삶의 모습이 바뀜에 따라 변화를 거듭해왔다.

하지만 시간이 아무리 흘렀어도 절대 변하지 않는 것이 있었다. 그것은 바로 인간이 나약한 존재라는 사실이다. 삶을 사는 동안 우리는 숱한 어려움에 부딪히고 불안에 시달린다. 위기 앞에 놓인 내가 한없이 무능하고 무지하다 느껴질 때 나를 구해줄 누군가를 간절히 원하게 된다. 가끔은 나를 둘러싼 사람들이 문제를 해결해주기도 하지만 분명 한계는 있다. 그리고 그것이 바로 인간이 종교를 선택할 수밖에 없는 이유다.

과학기술이 진보하고 의료기술이 눈부시게 발달해 수명이 연장되었다고 해도 인간은 결국 죽을 수밖에 없는 운명을 타

고났다. 누구나 살면서 한 번쯤은 죽음에 대한 공포를 느낀다. 중년의 고개를 넘어 노년을 향하는 나이에는 더욱 그러하다. 20대 청춘일 때는 정말 몰랐다. 무서울 것도 없었고 병이나 죽음 따위는 남의 일인 것만 같았다. 하지만 마흔 살이 넘어가면 상갓집에 갈 일도, 중환자실 앞을 서성일 일도 많아진다. 어느 날 갑자기 암이나 사고로 가까운 이를 잃게 되면서 죽음도 인생의 일부임을 절실히 깨닫게 된다. 그리고 자신의 건강도 예전 같지 않음을 느끼게 되며, 담배나 술을 끊는 것에 대해 난생처음 심각하게 고려하게 된다. 막연하게 삶의 끝에 죽음이 있다고만 생각하며 살다가 죽음이 바로 앞에 닥칠 수도 있다는 사실을 깨닫는 순간 삶은 공포로 가득 차오른다. 바로 그때 인간은 무기력함을 느끼고 멀리서 내리치는 벼락에도 생명의 위협을 느낀다. 인간의 의지와 육체적인 힘만으로는 결코 풀어낼 수 없는 삶의 부분들은 분명 존재한다.

그 살 떨리는 무섬증을 가장 쉽고 빠르게 해결해주는 하나의 방편, 그것은 분명 종교다. 현세의 죽음이 영원한 단절이 아니라 내세를 위한 통과의례라고 생각하면 어느새 마음은 편안해진다. 사랑하는 나의 부모가, 나의 가족이 죽어서 영영 사라져 버렸다는 사실을 받아들이는 것은 처절하리만치 눈물겹고 아프다. 굳이 종교를 믿지 않는 사람이라도 가까운 이의 죽음에 "하늘나라에서 잘 살고 있을 것이다"라고 무심코 말하는 것도 같은 맥락으로 볼 수 있다. 또한 하는 일마다 잘 안 풀리고 몸까지 아파 삶의 의욕이 사라졌을 때 친구 손을 이끌고 점집을 찾는 이들의 심리도 비슷하다. "우리 신 할머니 말씀이 내년에 잘될 거란다"라는 말 한 마디에 암울해 보이던 미래가 한순간에 환해짐을 느끼게 되는 것도 그러하다.

물론 단순히 불안과 공포를 잊어버리기 위해 눈 가리고 아웅 식으로 종교를 택한다거나, 현실의 삶은 내팽개친 채 모든 시간과 노력을 들인다고 한다면 그것은 바보 같은 짓이다. 어차피 종교를 수단으로 선택한 사람은 시간이 조금만 지나면 종교에 등을 돌리게 되어 있다.

분명한 것은 인간이 가진 가장 근원적이고 원초적인 두려움인 죽음에 대한 공포, 그리고 불확실한 미래에 대한 불안감을 씻어주는 데 종교는 유일하지는 않지만, 편안한 해답이 되어준다는 사실이다. 그것은 지배계급과 피지배계급의 이권다툼이나 먼 나라에서 벌어지는 종교전쟁과는 전혀 상관없다. 종교라는 게 원래 절대적이고 신성한 존재인 신을 믿고 따름으로써 행복을 얻고자 하는 행위가 아니던가. 그러니 종교는 그 무엇도 아닌 바로 나와 나 자신의 행복에 관한 문제다.

그러므로 때때로 우리는 맹목적일 필요가 있다.

어느 날 갑자기 삶이 너무 고단하고 두렵다 느껴진다면 생각을 멈추고 그동안의 주관과 원칙을 잠시 내려놓는 것은 어떨까. 어른이 되고, 부모가 된 이후로는 무서워도 무섭다 말을 못 하고, 힘들어도 기대어 울 곳도 마땅치 않다. 먹고살기 바빠 내 영혼이 어느 곳에 쭈그리고 앉아 있는지 관심조차 없이 살아가는 중이다.

어느 종교든 상관없다. 부정적인 시신을 거두고 맹목적인 태도로 접근해본다면 종교는 무섭다 말하고 실컷 울어도 된다고 구석진 자리에 팽개쳐진 내 영혼에게 속삭여줄 것이다. 그리하여 삶의 활력을 되찾고 기도나 명상의 즐거움을 알게 되며 잠시라도 삶의 압박에서 벗어날 수 있다면, 그래도 맹목적인 것이 무조건 위험하다 말할 수 있을까.

여권

좁은 입시 문턱을 지나 대학에 입학하고, 직장을 구하고, 나를 죽인 채로 앞만 보고 달려왔다. 그래야 한다고, 그래야 살아남는다고 해서 그런 줄로만 알았다. 그사이 가슴 아픈 사랑도 경험했다. 어디론가 도망쳐 숨고 싶을 만큼 괴로웠지만 며칠 동안 휴가를 내기도 눈치가 보였다. 그러자 세상이 더욱 좁아졌다. 반복되는 일상 속에서 무료함 외에는 느껴지지 않는다.

억울한 마음에 이를 악물고 열심히 돈을 벌어보지만, 나를 기다리고 있는 것은 하루하루 늘어나는 교육비와 대출금……. 지출의 우선순위에 나를 위한 것은 없다. 어느 날부턴가 가슴이 터질 것처럼 답답해 미칠 지경이 되었다.

이런 상황에서 나를 알아보는 사람 하나 없는 낯선 공간으로의 도피를 꿈꾸어보지 않은 이가 어디 있을까. 목을 옥죄는 일상에서 벗어나 생경한 풍경 속에 물처럼 흘러 다니는 나를 상상하는 것만으로도 가슴이 뻥 뚫리는 것만 같다. 그렇다고 매번 상상에만 그치라는 법이 있는가? 떠나는 것을 두려워할 필요는 없다. 어차피 여행이란 결국엔 제자리로 돌아오기 위한 것이니까. 여행을 마치고 내 자리로 돌아왔을 때 다시 사람들을 만날 수 있는 자신감과 다시 일할 수 있는 의욕을 충전했을 확률이 매우 높을 테니까. 큰 병을 피하기 위해 몸을 돌보며 정기검진을 하듯, 내 마음의 병이 깊어지기 전에 잠시 모든 것을 내려놓고 멀리 떠나버리자.

지도를 펼쳐 든 내게 길이 묻는다. 어디로 가고 싶으냐고. 정답은 없다. 그저 작은 여행 가방 하나와 비행기 표, 그리고 내 것 하나 없는 낯선 곳에서 내가 나임을 증명해줄 여권 하나 챙기면 그만이다. 때로는 여행 자체보다 여권이 마음을 더욱 설레게 만든다. 내 나라 안에도 가보지 못한 곳이 허다하고 마음을 울리는 풍경이 가득하다는 것을 알지만, 때론 나를 아는 이 하나 없는 곳으로 떠나고 싶다.

당신의 첫 번째 해외여행은 언제였나. 우리나라에서 해외여행이 자유화된 것은 불과 30년 전의 일이다. 그것도 50세 이상 국민에 한해 200만 원을 1년간 예치하는 조건으로 연 1회만 유효한 관광여권을 발급해주었다. 1983년 당시 200만 원이면 매우 큰돈이었다. 그러니 웬만한 수준의 사람들이 관광을 목적으로 해외여행을 나선다는 것은 쉽지 않은 일이었다. 지금 기준으로 생각하자면 참으로 어처구니없는 일처럼 생각되지만 말이다. 그러다 아시안 게임과 올림픽을 치르고 경제가 나날이 발전하게 되면서 1989년에 드디어 해외여행 전면 자유화가 선언되었다.

이후 서서히 해외여행에 대한 관심이 높아졌다. 1990년대 후반과 2000년대 초반, 배낭여행이 유행처럼 번져갔다. 당시 대학생들과 사회 초년생들은 마치 원풀이라도 하듯 앞다퉈 해외여행 준비에 나섰다. 그때 가장 먼저 준비해야 하는 것은 바로 여권이었다. 사실 해외에서 나의 국적과 신분을 증명해주는 문서인 여권은 주민등록증처럼 그저 신분증에 불과하다고 생각했었다. 게다가 그 어떤 사진관에서 어떤 옷을 입고 찍어도 실물보다 100배는 밉고 어색한 얼굴로 나오는 여권사진을 보고 있노라면 몸 둘 바를 모르겠었다. 하지만 난생처음 만든 여권을 손에 든 순간 가슴은 설레다 못해 떨리기까지 했다. 그것만 있으면 어디든지 갈 수 있겠다는 호기로움이 온 마음을 빈틈없이 뒤덮어 버렸다.

여권에 관한 흥미로운 사실 하나, 현재의 여권처럼 국경을 안전하게 통과할 수 있게 해주는 통행증은 기원전 1세기 로마의 아우구스투스 황제 시대부터 발급되었다. 당시 통행증에는 이런 경고문구가 적혀 있었다.

땅 위에서건 바다 위에서건 이 여행자를 괴롭히려는 강자가 있다면 그는 로마 황제와 한판 겨룰 만큼 강한지 깊이 고려해야 할 것이다.

누구와 겨뤄도 이길 수 있다는 로마 황제의 당당한 자신감과 함께 제 국민만큼은 반드시 보호하겠다는 강한 의지가 확연히 드러난다. 이는 지금의 여권이 보장하는 내용과 크게 다르지 않다는 점에서 더욱 시선을 끈다.

그렇다고 외국인이 타국에 들어갈 때마다 지금의 여권에 해당하는 통행증을 반드시 제시해야 하는 것은 아니었다. 19세기 말까지만 해도 비교적 자유롭게 국경지역을 오갈 수 있었다. 중세에는 통행증이 주로 상인이나 여행객에게 발급이 되었고, 영주의 관할 지역인 성문을 통행할 수 있는 증서 정도로 사용되었다. 여권, 즉 'passport'의 어원이 이를 뒷받침한다.

여권의 어원에 대해서는 크게 두 가지 해석이 있는데, 하나는 'pass통과하다'와 'port항구'의 합성어라고 보는 견해다. 이는 '항구를 통과하다'는 뜻의 고대 라틴어 'passus portus'를 어원으로 하며, 장거리를 이동하기 위해 배를 이용해 타국의 항구를 통과하던 상황을 그대로 담아내고 있다. 또 하나의 해석으로는 성문을 의미하는 'porta'에서 나온 단어라고 보는 견해다. 두 가지 모두 도시와 지방, 국가의 경계를 이동하는 여행객의 상황과 관련이 있으니, 모두 이해가 가는 견해다.

여권에 관한 재미있는 사실 또 하나, 20세기 초에 발급된 초기 여권은 사진기술이 발달하지 않았기 때문에 여권 소지자의 생김새를 글로 표현하는 것이 일반적이었다. 이를 테면 '얼굴은 갸름하고 눈은 가늘고 길게 찢어졌으며 코는 들창코이고 머리색은 노랗다'는 식이었다. 내 얼굴이 어떻게 묘사되었느냐에 따라 여행을 가고 싶기도, 가기 싫기도 했을 것 같지 않은가. 미국의 경우 1914년에야 여권에 사진을 붙이기 시작했다고 하니, 그전까지는 여행을 할 때마다 여권에 적힌 몽타주의 내용이 꽤나 신경 쓰였을 것 같다.

이렇듯 재미있는 뒷이야기를 가진 여권을 준비하고 나면 사람들은 배낭을 메고(지금은 캐리어 가방을 주로 가져가는 데 비해 2000년대 초까지만 해도 몸집만 한 배낭을 열심히도 메고 다녔다) 유럽으로, 아메리카로, 호주로 떠날 계획을 세웠다. 한꺼번에 너무 많은 사람들이 몰린 탓에 유명 관광지나 민박집에는 한국인들이 넘쳐났고, 때로는 여기가 한국인지 외국인지도 헷갈릴 정도였다. 파리 민박집 방명록에 아는 친구들의 이름과 사진이 붙어 있는 것은 물론이요, 10년 만에 고교동창을 로마로 가는 기차 안에서 만나는 일도 생길 정도니 말 다했다. 비록 그렇다 하더라도 20대의 나이에 낯선 공간에서 처음 느껴본 해방감은 이루 말할 수 없는 행복을 선물해주었다. 또한 20대에는 몸은 고생이 되더라도 배낭 하나 짊어지고 부지런히 발품을 팔며 돌아다니는 것이 멋이고 낭만이고 오래도록 기억될 추억을 만드는 일이라 생각했다. 그렇기에 패키지 여행 따위는 나이 든 사람들의 일이라고만 치부해버렸다.

그런데 30대를 넘어서고 가정을 꾸린 이후에는 여행의 성격이 달라지기 시작한다. 아이가 생기고 나면 중심은 나로부터 아이에게로 옮겨 간다. 갓난아기일 때는 차라리 여행을 가지 않는 편이 더 낫다 싶다. 챙겨야 할 짐도 많고 종일 아이의 비위 맞추기에 공을 들이다 보면 차라리 회사에 가고 싶다는 생각이 들 수도 있다. 아이가 어느 정도 자라면 물놀이건 산행이건 몸을 쓰는 놀이가 있는 곳으로 여행지를 선택한다. 조용한 곳에서 풍광을 즐기고 싶다는 생각에 온 가족을 끌고 갔다면 아침부터 밤까지 심심하다는 투정에 시달릴 수도 있다. 그러다 사춘기를 넘어서고 청년기에 들어서면 아이들은 같이 여행하자고 할까 봐 미리 겁을 내고 시선을 피한다. 그렇게 시간이 흘러 나이를 먹게 되면 부지런히 돌아다니는 여행보다는 한곳에서 휴양을 즐기는 여행을 좋아하게 된다. 그리고 노인들의 여행이라 생각했던 패키지 여행을 매우 긍정적인 시선으로 바라보게 되는 것이다.

이렇듯 여러 상황에 따라 여행의 성격이 바뀌기 마련이지만 결코 변하지 않는 진리가 있다. 여행은 언제나 설렘과 행복을 가져다준다는 것이다. 오랫동안 한자리에 멈춰 있는 바람에서 는 매캐한 먼지 냄새가 난다. 사람도 마찬가지다. 한자리에 오 랫동안 머물러 있었는가? 그렇다면 이제 움직일 때가 되었다. 나이에 구속을 받을 필요는 없다. 해외여행을 하다 보면 백발 의 노부부가 배낭여행을 즐기는 모습을 심심치 않게 볼 수 있 다. 지도 하나 달랑 들고서 불안의 여행을 즐기는 모습을 보자 면 절로 미소가 떠오르고 '나도 노년에 저렇게 살고 싶다'는 생 각이 들지 않던가.

The only passport to success is hard work.

문장 안에서의 'passport'는 어떤 일을 가능하게 하는 열쇠라 는 의미가 있다.

삶이 너무 고단하고 주어진 일이 힘에 겨울 때 내가 찾아 든 여권이 그것을 해결해줄 열쇠가 되어줄지도 모를 일이다. 그 러니 서랍 속에 고이 모셔둔 여권과 지도를 손에 들고 오늘 밤 고민 한번 해보는 것은 어떨까.

잊어버리다

　운전을 시작한 지 얼마 되지 않았을 때의 일이다. 교차로에서 우회전을 하려는 순간 직진을 하던 택시와 좌회전을 하던 오토바이가 부딪히는 광경을 바로 눈앞에서 목격하고 말았다. 처음에는 하늘 위로 날아오른 것이 포대 자루 같은 거라 생각했다. 그 장면이 너무나 비현실적이어서 영화의 한 장면을 보고 있나, 순간 착각을 할 정도였다. 차라리 그랬다면 좋았으련만, 날아오르다 떨어진 것은 사람이었고 그것은 현실이었다. 오토바이를 탄 남자는 그 자리에서 목숨을 잃었다고 했다. 그때의 기억은 오래도록 나의 마음을 옥죄었다. 끔찍하고 무서운 기억에서 벗어나 보려 발버둥 쳐봤지만, 운전석에 앉을 때마다 그때의 기억이 되살아나 숨이 가빠지고 식은땀이 났다. 결국 나는 운전하기를 포기했다. 어차피 운전에는 영 소질이 없었으니 아쉬울 것도 없었다.

그날 이후로 8년의 시간이 흘렀다. 영영 잊을 수 없을 것만 같던 그때의 기억은 이제 많이 희미해졌다. 역시나 신이 인간에게 준 최고의 선물은 망각인가 보다. 잊으려고 애쓰지 않아도 자연스럽게 기억에서 지워버릴 수 있다는 것은 때론 살아가는 힘이 된다. 만약 자신이 했던 모든 경험들을 하나도 빠짐없이 기억하는 사람이 있다면 과연 그는 행복할까. 그 많은 기억들을 다 끌어안고 살아가야 한다면 그것은 최악의 형벌이 아닐까.

잊을 망忘, 물리칠 각却.

망각은 기억을 잊고 물리쳐 버림을 뜻한다. 그것은 인간이 갖고 있는 최상의 방어기제인지도 모른다. 결코 기억하고 싶지 않은 충격적인 사건이나 자신에게 불리한 기억들로부터 스스로를 구제하기 위해 그러한 일들을 뇌의 구석진 공간으로 몰아넣고 보이지 않는 자물쇠로 단단히 잠가버리는 것이다. 그리하여 그것이 존재했다는 사실조차 잊을 정도의 수준에 이르게 되면 가까스로 참았던 숨을 토해낼 수 있게 된다. 만약 망각이라는 도구를 이용할 수 없었다면 인간은 기하급수적으로 늘어나는 스트레스를 견뎌내지 못하고 폭발하듯 소멸해 버렸을지도 모른다. 그러고 보면 인간이 지금까지 존재할 수 있었던 것은 망각이 있기 때문 아니었을까.

어린 시절 나를 놀리던 친구들의 비웃음을 10년이 지난 후까지 생생하게 기억한다면, 성적이 좋지 않다고 회초리를 맞았던 순간의 아픔을 20년이 지난 후에도 똑같이 느끼게 된다면, 사랑하는 이가 나를 배신했을 때의 분노를 30년이 지난 후까지도 멈추지 못하게 된다면, 인격적인 모독도 서슴지 않는 직장상사의 비인간적인 태도를 40년이 지난 후까지도 기억하게 된다면, 사랑하는 가족이 죽었을 때의 가슴 터지는 슬픔을 눈 감는 그 순간까지 느끼게 된다면 그것은 매 순간을 죽음과도 같은 암흑 속에서 사는 것과도 같다.

그럼에도 불구하고 완벽한 망각은 죽음뿐이다. 고대 그리스 신화에 따르면 지하의 신 하데스가 지배하는 저승으로 가기 위해서는 다섯 개의 강을 건너야 한다. 죽은 자의 영혼이 자신의 죽음이 슬퍼 눈물을 흘리고 간다는 비통의 강 아케론 Acheron, 강에 비친 자신의 그림자를 통해 과거를 보며 탄식한다는 코키투스Cocytos, 물 대신 어마어마하게 뜨거운 불덩이가 흐르는 불길의 강이자 영혼이 자신의 혼을 불태워 정화시킨다는 플레게톤Phlegethon, 하데스의 궁전을 일곱 번이나 휘감고 있는 증오의 강이자 신들이 절대적인 약속을 할 때 이름을 걸고 맹세하던 스틱스Styx. 그리고 망각을 상징하는 레테Lethe.

죽은 자의 영혼이 레테 강물을 마시면 이승에서의 기억은 모조리 지워져 버린다. 기억을 잃은 영혼은 과거를 잊고 새로운 존재로 재탄생한다. 혹여 영혼이 다시 태어나게 되면 저승에서의 기억도 모두 잊도록 레테의 강물을 한 번 더 마셔야 했다. lethargic혼수상태의, lethum죽음과 lethalis치명적인이라는 단어의 어원이 레테lethe에서 비롯한 것만 보더라도 망각과 죽음이 서로 관련되어 있음을 알 수 있다. 이리하여 죽음은 망각의 마지막 단계가 된다.

그런데 가끔 우리는 기억과 망각 사이에서 길을 잃은 채 방황한다. 특히 중년을 거쳐 노년기에 이르는 망각은 극심한 공포로 다가온다. 물건을 자꾸 잃어버리거나 방금 전까지 말하려 했던 내용을 잊어버릴 때면 두려움이 밀물처럼 몰려든다. 농담처럼 치매에 걸린 게 아닐까, 하며 웃지만 뒤끝은 씁쓸하기만 하다. 망각이 나를 바보로 만드는가 싶어 한숨을 내쉬는가 하면 머리를 쥐어박으며 자신을 폄하하기도 한다. 신경 쓸 일이 많고 스트레스가 쌓이다 보면 누구나 경험할 수 있는 일이니 대부분 지나치게 걱정할 필요는 없다.

다만 나의 경험과 지식을 유지하고 보존하고 싶다면 보다 적극적인 자세로 이성의 힘을 빌리면 된다. 독일의 심리학자 헤르만 에빙하우스Hermann Ebbinghaus는 기억에 관한 연구를 통해 인간이 기억하는 단어의 수가 시간의 경과에 따라 줄어든다는 사실을 밝혀냈다. 망각곡선에 따르면 인간의 기억은 시간의 흐름의 제곱에 반비례해서 감소한다고 한다. 그러니 아무리 머리가 좋은 사람이라고 하더라도 모든 지식과 상황을 기억할 수는 없다. 만약 어떠한 이유에서든지 망각이 두렵다면 망각이 본능적으로 먼저 움직이기 전에 내가 먼저 움직이면 된다. '총명불여둔필聰明不如鈍筆'이라 했다. 제아무리 총명하다 해도 몽당연필 끝만 못하다는 말이다. 기억하지 못한다면 메모하면 된다.

아무리 생각해봐도 사람의 기억이란 참으로 오묘한 것이다. 빛바랜 사진 한 장이나 오래된 메모 한 줄에 얽힌 추억은 바로 되살아나는데, 내 눈앞에서 반가운 표정으로 인사를 건네는 사람이 누구였는지 기억해내지 못하는 경우도 생기니 말이다. 그것이 건망증의 이름을 달았건, 치매의 오명을 썼건, 망각의 길을 걷건 상관없다. 어찌 보면 기억은 나도 알지 못하는 내 마음이 가리키는 방향으로 움직이는 것인지도 모르겠다. 나 자신을 지켜내기 위해 나쁜 기억들을 지워버리려는 어떤 힘이 마치 호위무사인 양 머릿속에서 치열하게 전투 중인지도 모른다. 과거에 집착한 나머지 현재와 미래를 저당 잡혀버린 채 우울하다, 불행하다 느끼지 않게, 행복하다 느끼게 해주려고 말이다.

그 무엇보다도 누군가를 용서하는 일은 망각의 힘을 필요로 한다. 반드시 망각이 전제가 되어야 한다. 어긋난 과거의 고통을 남김없이 기억하면서 용서를 말하기란 쉽지 않다. 힘들고 아픈 과거에서 빠져나오지 못하고 허덕이며 인생을 살아가는 것처럼 서러운 일은 없다. 나를 왕따시켰던 아이들의 눈빛과, 고참이라는 이유로 무자비한 폭행을 가했던 선임의 악랄함과, 첫 직장에서 겪었던 인격적인 모욕감과, 배우자의 부모에게 부당한 요구를 당했던 억울함과, 연장자를 무시하는 젊은 치기를 모두 떠안은 채로는 한 발자국도 어둠 밖으로 나갈 수 없다. 그러니 죽도록 미워하고 아파했던 기억들을 흐르는 시간 속에 던져버리고 뒤돌아서서 새로운 삶을 향해 걸어 나가야 한다. 결코 쉽지 않은 일이다. 이느 순간 그때의 기억들이 되살아나 나의 발목을 붙들고 늘어질지도 모른다. 그러나 망각은 그 손길을 뿌리치고 앞으로 나갈 수 있는 힘을 이미 내게 주었을 것이다.

아르헨티나 출신 작곡가이자 반도네온의 연주자였던 아스토 피아졸라Astor Piazzolla의 〈망각Oblivion〉이라는 곡이 있다. 늦은 가을 저녁, 홀로 에스프레소를 마시는 쓸쓸함만큼이나 애잔한 전율이 느껴진다. 세계적인 클래식 연주자들에 의해 연주되었고, 영화음악으로도 자주 사용되었던 곡이라 곡명은 모를 지라도 음악을 듣는 순간 고개를 끄덕일 사람이 많을 것이다. 만약 모든 과거를 망각해버리고 본능에 충실하게 오늘만을 살고 싶을 때가 찾아온다면 볼륨을 한껏 올린 상태로 이 곡을 들어보는 것은 어떨까. 어쩌면 음악을 듣는 동안 잊고 있었던 기억들이 되살아나 하나둘씩 눈앞에 어른거릴지도 모르겠다. 하지만 음악이 끝나는 순간 그것들을 모두 망각의 세계 저편에 차곡차곡 쌓아둔 채 문을 꼭 걸어 잠그고 일상으로 잘 돌아오기를 바란다.

비껴가다

새벽에 울리는 전화는 불길하다. 아버지가 돌아가시던 날도 새벽에 전화벨이 울렸다. 고요를 깨뜨린 전화벨 소리에 눈을 뜬 순간, 직감적으로 나쁜 소식이 나를 부르고 있음을 알아챌 수 있었다. 불규칙한 숨소리, 거칠게 뛰는 심장, 바들바들 떨리는 손, 나의 온몸이 수화기 너머의 목소리를 거부하려고 안간힘을 써봤지만 어쩔 수 없는 일이었다. 그길로 짐을 싸 어두운 고속도로를 미친 듯이 내달렸다. 아버지는 나를 사랑했으니 내가 도착할 때까지 기다릴 거라 생각했다. 하지만 병원까지 미처 반도 못 간 지점에서 다시 전화벨이 울렸다.

그렇게 아버지는 가셨다. 운명이 쏜 화살은 아버지를 비껴가지 않았다. 과녁의 정중앙을 맞춰버린 화살을 아주 오랫동안 경멸했다.

비껴가다
비스듬히 스쳐 지나가다

새벽에 울리는 전화는 불길하다. 그렇게 사랑하는 사람들이 하나둘씩 떠나고 누군가는 아프다. 졸업 이후 친구들을 만나는 장소는 결혼식장이었다가 돌잔치 장소였다가 어느새 장례식장으로 바뀌어버렸다. 때로는 그들의 부모가, 때로는 그들이 먼 곳으로 떠나버린다. 오랜만에 만나는 친구를 반가워하기에는 참으로 어색한 장소다.

이제 100세 시대가 된다는데, 내 주변에 100세까지 사는 사람은 아무도 없다. 오히려 아직은 아까운 나이인데 스트레스나 과로로 쓰러지거나, 병에 걸려 좌절하거나, 뜻하지 않은 사고로 절망에 빠진 사람들이 더 많다. 100세는커녕 그 절반만 살았는데도 말이다.

우리나라는 세계적으로 40대 사망률이 가장 높다. 치열한 생존경쟁 속에서 가장으로 살아가는 일은 녹록지 않다. 업무에 지친 스트레스를 술과 담배, 그리고 고칼로리 음식으로 풀고 운동은 거의 하지 못하니 몸이 멀쩡할 리는 없다. 어쩌다 반아본 건강검진 결과에는 고혈압, 당뇨, 지방간, 고지혈증에 위염까지 별의별 잔병들이 온몸에 주렁주렁 매달려 있다.

그에 비해 처방은 전국 어디나 크게 다르지 않다.

"술과 담배를 멀리하고 규칙적인 운동을! 식단 조절을!"

"그렇게 말해도 잘 안 지키니까 죽을 수도 있다고 말해주세요!"라고 외치는 배우자의 말에

"그건 협박성 거짓말이잖아요." 라고 말하는 의사들도 중년의 남자들이 대부분 그렇지, 하는 얼굴로 약만 처방해주는 게 보통이다. 당장 죽을병이 아닌 이상 말하는 사람도, 말을 듣는 사람도 크게 걱정하지는 않는 눈치다. 그렇게 다음 날부터 또 이어지는 스트레스, 잦은 술자리, 운동 부족, 농약에 뒤덮인 농작물에 환경오염까지! 피곤이 풀리지 않는다고 임시적으로 원기를 회복해보고자 보양식을 찾아보지만, 그것이야말로 임시방편일 뿐이다. 시간은 쉴 새 없이 흘러가고 1년 후, 2년 후에도 그가 의사에게서 똑같은 말을 들으리라고 아무도 보장해주지 않는다. 위험요인들은 언제든지 암, 심근경색, 뇌출혈이라는 이름으로 호시탐탐 우리 몸을 파고들 기회를 엿보고 있으니 말이다.

여성의 경우도 별반 다르지 않다. 여성 호르몬이 왕성한 20대 때는 상상하지도 못했던 일들이 30대, 40대를 넘어가면서 순식간에 온몸을 덮쳐 온다. 무엇보다 여성 호르몬의 수치가

떨어지면 각종 부인병이 발생할 확률이 높아진다. 어디 그뿐인가. 고혈압에 골다공증 같은 근골격계 질환까지, 이전에는 이름도 알지 못했던 다양한 병들이 파노라마처럼 눈앞에 펼쳐지는 것이다. 특히나 우리나라 중년여성들 중에는 과체중이 많다. 식구들이 남긴 음식물을 아깝다고 먹어치운다거나, 혼자 식사하기 싫다고 끼니를 거르다 한꺼번에 폭식을 한다거나, 식사시간이 일정치 않다거나 하는 식으로 식사조절을 잘하지 못하고 있기 때문이다.

나이가 들면서 가뜩이나 젊음을 유지하는 호르몬은 사라져 가고 신체 기능은 감소하며 증가하는 활성산소가 내 몸의 노화를 촉진시키는 이 마당에, 당장에 병이 없다고 안심할 수만은 없다. 건강이란 단순히 신체적으로 병이 없는 상태만을 의미하지는 않기 때문이다. 그러니 바로 지금이라도 생활습관을 변화시켜 능동적으로 건강해지려는 노력이 필요하다.

어제 우리나라를 비껴간 대형태풍이 올해도, 내년에도 비껴가란 법은 없다. 그러니 그것들이 나를 목표의 정중앙으로 삼아 날아들기 전에 나 자신이 먼저 대피책을 마련해야만 한다. 태풍이 나를 비껴가지 않는다면 내가 먼저 태풍의 진로에서 비껴 서야만 한다. 그렇지 않으면 나 역시 누군가의 단잠을 깨우는 새벽 전화벨의 주인공이 될 수 있기에, 사랑하는 나의 가족의 일상을 뒤죽박죽으로 만들고 그들을 중환자실 밖에서 외롭게 세워둘 수 있기에 더욱 그렇다.

남자들은 가족이라는 짐을(가족은 때론 힘이 아니라 짐이다) 어깨에 짊어진 채로 하숙생 신분으로 살아왔던 날들이 서럽고 억울해서라도 건강하게 살아야 한다. 여자들은 남편과 자식 뒷바라지하느라 늙고 힘이 빠져버린 자신의 모습이 안쓰러워서라도 아프지 말아야 한다. 수십 년의 세월 동안 돈을 아무리 많이 벌고 투자를 잘해 남들의 부러움을 사며 살았다고 해도 중환자실에 누워 있다 보면 아무런 소용이 없다는 걸 알게 된다. 그때는 물 한 잔을 벌컥벌컥 마실 수 있는 사람이 가장 부럽고, 주머니에 돈 한 푼 없어도 두 발로 서서 걸어 다니는 사람이 세상에서 가장 행복해 보이니 말이다.

일정 나이가 되면 모든 것이 평준화된다는 말이 있다. 일류 대학을 나왔다 해도, 건물 몇 채를 가지고 있다고 해도, 아랫사람들을 부리며 살아갈 만큼 지위가 높아졌다고 해도, 배우 뺨치는 인물로 젊은 시절 사람들의 부러움을 사며 살았다고 해도 그 모든 것들이 부질없음을 깨닫는 바로 그 '순간'이 오기 때문이다.

남에게 머리를 조아리며 손을 벌려야 끼니를 이을 정도로 가난하거나 빚 때문에 급박하게 쫓기는 삶이 아니라면 돈이 행복을 물어다 주는 파랑새가 아님을 알게 된다. 수십 억짜리 빌딩을 가지고 있어도 세입자와 매일같이 싸워야 하거나, 재산 때문에 자식들이 원수가 되는 모습을 봐야 하는 사람은 달랑 시골의 작은 집 한 채를 가지고 고추나 가지를 키우며 평온하게 사는 사람만큼 행복을 느낄 수 없다. 특히나 재산을 최우선 가치로 두고 사느라 악다구니를 쓰는 동안 건강을 잃은 사람은 더욱 그렇다. 안타깝게도 그들은 태풍이, 독 묻은 화살이 코앞에 다가올 때까지도 그 사실을 눈치 채지 못하고 있다. 바로 그 순간까지도 내 손에 쥔 돈과 남의 손에 쥐어진 돈을 비교하느라 앞을 쳐다볼 새가 없었기 때문에.

오늘도 삶을 향해 내닫는 발걸음은 안개에 싸인 미래를 향해 옮겨지고 있다. 안개 속에서 내 심장을 겨누는 화살과 만나게 될지, 내 머리를 향해 날아드는 화살촉을 보게 될지, 내 다리를 겨냥한 화살에 맞게 될지는 아무도 모른다. 그 사이 남들이 안개 속에서 금화를 줍고, 새빨간 사과를 따 먹고, 잘빠진 말을 낚아챌 수도 있다. 그럴 때면 왜 내게만 그런 행운이 오지 않는 거냐고 불평하며 혹시라도 남이 줍지 않은 금붙이가 없나 찾아 헤매곤 한다. 하지만 금화를 주우러 몸을 굽히다 화살에 맞을 수도 있고, 사과를 따 먹느라 화살을 피하지 못할 수도 있으며, 살진 말을 뒤쫓느라 화살이 등 뒤에 꽂힌 것을 미처 알아채지 못할 수도 있다.

수많은 행운들이 나를 비껴가는 것과
수많은 불행들이 나를 비껴가는 것 중에서
어느 것이 더 행복한 일일까.

아날로그

아날로그 하나

　가수 김광석이 갑작스레 세상을 떠났다는 소식에 한참을 멍해 있었던 기억이 있다. 생각해보면 그의 죽음과 함께 내가 기억하는 아날로그도 서서히 사라지기 시작했던 것 같다. 대학로의 구석지고 작은 소극장에 쪼그려 앉아 그의 콘서트를 보았던 추억도 그와 함께 잊혀갔다. 하지만 그가 숨 쉬었던 시간을 함께 살았던 사람들은, 그의 노래에 울고 웃으며 위로받았던 기억이 있는 사람들은 그를 완전히 잊지 못한다. 아니, 잊을수가 없다. 우리가 패이고 거친 인생길에 당황할 때마다 그의 노래가 마음의 문을 두드리기 때문이다.

누군가가 물었다. 김광석이 뭐 그리 대단하냐고. 누군가가 답했다. 적어도 당신이 사랑을 하고, 인생을 알고, 나이를 먹었다는 생각이 들었을 때 그의 노래를 다시 들어보라고, 그러면 알게 될 것이라고.

그의 목소리에 짙게 배인 감성은 시간이 지나도 여전히 영혼을 울린다. 그의 나이는 서른셋에 멈춰버렸지만 서른셋의 터널을 지나버린 내가 50이 되고 60이 되어도 그는 내 아픈 마음을 알아줄 것만 같다.

언제부턴가 기계음으로 소리를 만들어내는 가수들의 노래가 넘쳐난다. 그러나 그 노래들이 명곡으로 인정받기 어려운 것은 그 안에 노래하는 이의 감성과 듣는 이의 감동이 어딘지 모자라기 때문일 것이나. 차가운 디지털 기계들이 아무리 소리를 깨끗하게 뽑아낸다 해도 먼지 낀 아날로그의 따스함을 재생해내기는 어렵다. 그토록 시간이 흘렀어도 김광석이 우리의 마음과 영혼을 울리는 이유다.

아날로그 둘

내가 초등학교에 다닐 때까지만 해도 아직 컬러 텔레비전이 대중화되지 않았고, 흑백 텔레비전도 마음껏 보기 힘들었다.

게다가 읽을 수 있는 책이라고 해봤자 세계명작 전집이나 홈스 시리즈, 두꺼운 백과사전 정도로 종류도 다양하지 않았다. 그때 내가 선택한 가장 적합한 대안은 만화책이었는데, 이것마저도 부모님의 눈을 피해 빌려다 놓는 것이 쉽지는 않았다. 그런데 아주 공교롭게도 집 근처에 만홧가게가 생겼고, 용돈이 얼마라도 생기면 곧바로 달려가서 만화책을 읽었다. 사이사이 나의 만홧가게행을 엄마에게 고발하는 오빠의 만행 때문에 고달픈 적도 있었지만, 그것이 만화를 향한 나의 불타는 정열을 막을 수는 없었다. 용돈을 뺏기기도 하고 종아리를 맞기도 했지만, 결국 나는 그 만홧가게의 네 벽면 중 두 벽면을 가득 채운 만화책을 다 본 후에야 스스로 그곳에 가기를 그만두었다. 지금도 오래된 만화책의 냄새가 코끝에 남아 있는 듯, 가게에서 팔던 10원에 두 개짜리 불량 캐러멜의 단맛이 입안에 맴도는 듯하다.

불과 몇 년 전까지만 해도 길거리를 걸어 다니며 만화책을 보는 아이들을 흔하게 볼 수 있었다. 동네 곳곳에 만화 대여점도 꽤 있었던 것으로 기억한다. 그런데 어느 순간부턴가 만화 대여점이 있던 자리에는 커피 전문점이 위용을 떨치고 있다. 그 많던 만홧가게는 다 어디로 갔을까. 아이들은 이제 만화책으로부터 해방되어 고전이나 명작을 들고 다니기 시작한 걸까.

아쉽게도 만화책이 사라진 자리에는 각종 디지털 기기들이 숨 쉬고 있다. mp3는 사람들의 귀를 막고, 꼭 쥔 스마트폰은 책을 쥘 여유를 빼앗았다. 친구끼리, 가족끼리 한데 모여도 각자 사이버 세상에서 놀고 있을 때가 많다. 사람들은 혼자서도 너무 재미있다. 무언가를 곰곰이 생각하고 상상하는 일은 이제 아이들에게조차 일어나지 않을 것만 같다. 게다가 조만간 교과서마저도 디지털화할 계획이 있다고 하니 아이들이 종이 냄새를 맡고 책장 넘어가는 소리를 듣는 일은 더 줄어들 것이다. 디지털북을 내려받으면 책장 넘어가는 소리는 자동으로 들을 수 있으니 그나마 다행이라고 허허 하고 웃어야 할까.

아날로그 셋

얼마 전 남편이 오랫동안 인연을 맺어온 외국인에게 어떤 선물을 하면 좋을까, 물어 왔다. 나는 선물의 종류도 중요하겠지만 손 편지를 쓰는 것이 어떻겠느냐고 권했다. 손 편지는 외국인들에게도 정성과 애정이 담긴 귀한 선물이 되리라 믿었기 때문이다. 역시나 그는 힘들게 구해 가져간 선물보다는 남편의 손 편지에 더 감동받았다. 마음이 담긴 손 편지를 받아본 게 20년 만인 것 같다며 아이처럼 기뻐했다고 했다.

그런데 실은 나 역시 마지막으로 손 편지를 써본 것이 언제였는지 기억나지 않는다. 손 편지를 마지막으로 받아본 것이 언제였는지도 기억나지 않는다. 혹시 손 편지의 마지막 흔적을 기억하는가. 아이가 있는 사람들이라면 어린이집이나 유치원에서 서툰 글씨로 적어 만든 감사편지가 최근 몇 년 동안 받아본 유일한 손 편지일 수도 있다. 그러고 보니 우푯값이 얼마인지도 모르겠다. 집배원은 손 편지보다는 카드 대금청구서를 더 많이 배달해준다. 참 이상한 일이다. 유아기 때는 분명히 연필을 잡고 그리듯 글씨를 쓰고 그림 그리기를 좋아했는데, 어느 순간부터 손에서 연필이 사라졌다. 아이나 어른이나 글을 쓸 때 연필보다는 키보드를 먼저 잡는다. 그러다 보니 글씨체도 엉망이 되어버렸다.

하얀 종이 위에는 도무지 글을 쓸 수 없다고 하는 사람들도 많다. 손 편지 한 장 쓰기도 힘들어져 버린 것이다. 하지만 아무리 같은 내용을 담고 있다고 하더라도 전자우편이 손 편지의 감성을 그대로 전달할 수는 없다. 대학시절 학과 우체통에서 얌전히 나를 기다리던 친구들의 편지와 엽서들이 너무도 그리운 까닭이다.

아날로그 넷

정말 궁금한 것이 있다. 이제 우리나라에서 고무줄놀이를 하는 아이들을 볼 수 있는 곳은 없는 걸까? 80년대만 해도 쉬는 시간만 되면 어김없이 운동장으로 뛰어나가 여자아이들은 고무줄놀이를 하고 남자아이들은 칼로 고무줄을 끊고 다녔다. 끊어진 고무줄을 여러 번 이은 탓에 두 아이가 잡고 있는 고무줄은 오징어 다리의 빨판처럼 군데군데 튀어나와 있었지만 그런 것은 상관없었다. 그때는 열심히도 불렀던 것 같은데, 고무줄놀이의 노래 가사가 정확히 기억나지 않는다. 다만 대부분이 4분의 4박자였고, 언니들의 노래에 맞춰 열심히 뛰었던 것만 또렷이 생각난다.

생각해보면 고무줄놀이는 참 인간적이었다. 두 편으로 나누어 뛰다 같은 편이 줄에 걸려 죽기라도 하면 숨은 친구를 살리기 위해 발밑부터 머리끝까지 여러 단계를 거치며 부지런히 고무줄을 넘는다. 동네 언니들은 키 작은 동생들을 살려주려고 입에 단내가 날 때까지 뛰고 또 뛰었다. 마침내 언니들이 마지막 고비를 넘겨 동생들을 구해주면 동생들은 눈물이 핑 돌 정도로 감동해서 팔짝거렸다. 그 덕분에 동네 언니들과는 친형제 이상으로 친할 수 있었다.그리고 그리 부지런히 뛰고 움직인 덕에 살찐 아이들이 거의 없었고, 지금 아이들에 비해 지

구력도 좋았던 것 같다.

그런데 그처럼 좋은 놀이가 사라져 버렸다. 언제부터였는지 눈치라도 챘다면 고무줄 끝이라도 잡고 늘어졌을 텐데. 그와 함께 동네 친구들도 하나둘씩 자리를 떠났다. 어스레한 골목은 텅 빈 지 이미 오래다. 대신 디지털 세계의 친구들이 그 자리를 채워주었다. 비단 어린아이들만의 문제가 아니다. 디지털 세계 속에서는 친구를 만나면서도 또 다른 친구를 만난다. 오늘 약속은 내 앞에 앉아 있는 친구와 했지만 그 시간 속에 수많은 사람들이 끼어든다. 스마트폰은 끊임없이 다른 이들의 대화를 알려 오고, 품앗이처럼 그에 답하느라 내 앞에 앉은 친구와의 대화는 끊기기 일쑤다. 하지만 그리 미안해 하지 않아도 된다. 그 시간의 공백을 친구의 스마트폰이 알아서 잘 메워 줄 테니까. 디지털 기기 속에는 얼굴 한 번 본 적 없는 친구들이 가득하니 혼자 있어도 심심할 틈이 없다.

디지털 세상이 친구의 개념이나 사생활의 경계를 무너뜨린 지는 이미 오래다. 그것이 항상 나쁘다고는 말할 수 없으나, 인터넷이 연결되지 않거나 휴대폰이 가까이에 없는 상황에서 불안감을 느끼고 금단현상까지 보이는 것은 분명 문제가 된다.

게다가 어렸을 때는 수십 개의 전화번호도 쉽게 외웠었는데 지금은 가족의 전화번호도 잘 외우지 못한다. 단순한 정보도 잘 기억하지 못하고 계산능력은 현저히 떨어져 버렸다. 배는 나오고 눈은 나빠졌다. 어쩐지 서글퍼진다.

　골목마다 울려 퍼지던 노랫소리와 발 울림이 새삼 그리워진다. 때가 되면 집 앞에서 나를 부르던 동네 언니의 목소리도 그리워진다. 귀를 쫑긋 세우고 친구들의 이야기를 들어주던, 반짝이던 그 눈빛이 그리워진다.

아날로그 다섯

　참으로 희한한 일이다. 손으로 돌려 주파수를 맞춰야 하는 라디오, 태엽을 감아야 돌아가는 시계, 사이사이 툭툭 튀는 소리가 나는 LP판. 분명히 무언가 모자라고 어딘가 불편한 느낌이 든다. 그렇다면 버튼으로 정확히 주파수를 맞추는 라디오, 숫자로 바로 보이는 시계, 최고의 음질을 보장하는 mp3까지, 모자라지도, 불편하지도 않은 디지털이 바로 앞에 있는데 왜 아날로그를 추억하는 걸까. 선명하고 깨끗한 디지털 사진을 일부러 투박하게 편집하는 것은 정말 아날로그를 그리워서일까, 아니면 평범해진 디지털의 세계에서 튀어보고 싶은 심리 때문일까.

　사람들은 아날로그를 추억하는 것에만 그치지 않고 그에 대한 향수를 사고파는 데까지 영역을 넓혔다. 분명 최고의 디지털 기능을 담고 있음에도 낡고 오래된 디자인 탓에 아날로그 느낌이 물씬 풍긴다. 그렇게 아날로그 감성은 겉과 속이 다른 형태로 시장에 유통되고 있다.

하지만 마른 헝겊으로 부지런히 LP판을 닦는 것 외에는 소리를 보존할 길이 없었던 이들이 갖고 있던 기억과 추억은 어디서도 살 수 없다. 아날로그를 경험하지 못하고 디지털이 세상의 전부인 양 살아온 사람들은 그 감성을 고스란히 갖기 힘들 것이다. 내 손 안의 디지털 세상이 거대한 세상 전체를 뒤바꿔 놓았다 해도 내 머릿속 아날로그 감성까지 복제해낼 수는 없을 것이다. LP로 음악을 듣는 감동도, 손으로 쓴 편지를 전해주던 떨림도, 집 앞에서 동네친구 이름을 부르던 추억도, 그런 과거도 없기 때문이다. 생각보다 그리 오래지 않아 아날로그를 기억하는 모든 세대가 사라지고 나면 아날로그라는 단어는 더 이상은 가슴으로 사용하지 못하는 단어가 될지도 모르겠다. 물론 아날로그를 가장한 디지털의 눈속임에 속아 넘어갈 수는 있겠으나, 그것이 진짜 아날로그가 아님을 재빨리 눈치채야 할 텐데…….

힘들겠지만 우리 세대가 아날로그 감성을 기억하듯 내 아이도 아날로그를 추억하는 감성을 갖게 되었으면 좋겠다. 디지털 기기들이 내 아이의 어린 시절을 모두 잠식하지 않기를, 내 아이가 부드러운 기계의 터치감보다 다소 거친 책의 질감에 더 익숙해지기를, 외로운 친구에게 문자메시지 달랑 보내기보다 손 글씨 편지를 정성껏 보내기를 더 좋아하게 되기를 바라본다. 아날로그는 그러한 작은 행동에서부터 시작되어 먼 곳까지 따스함을 오래도록 퍼뜨려준다는 것을 잘 알기 때문이다.

무사

무사無事

아무런 일이 없음.

아무 탈 없이 편안함.

그때는 몰랐다. 아무런 일도 일어나지 않았던 그 시간 동안
얼마나 행복했었는지. 아침부터 밤까지 별일 없이 그저 일상
을 살아갈 수 있다는 것은 감사한 일이다. 살다 보면 그러한
고요가 오래가지 않는다는 것을 경험적으로 알기에 더욱 그
렇다.

이른 새벽 정적을 깨트리는 전화벨은 가까운 이에게 불길한
일이 생겼음을 뜻한다. 혹시라도 가족 중 한 명이 갑작스레 병

에 걸리기라도 하면 일상은 거기서 멈춰버린다. 멀쩡했던 집이 곳곳에 문제를 일으킬 수도 있고, 느닷없이 경제적인 어려움이 닥쳐올 수도 있다.

무사가 깨지는 순간 불행이 우리를 덮쳐 온다.
평온함은 부서지고 삶은 한없이 고단해진다.
아무런 향내도 나지 않는 것이 악취가 나는 것보다 낫다.

무사.
만약 지금 이 순간이 무사하다면
잠시라도 그 행복감을 즐겨야 한다.

———